ちくま新書

使える行動分析学

——じぶん実験のすすめ

島宗 理
Shimamune Satoru

1066

使える行動分析学——じぶん実験のすすめ【目次】

＊図版作成＝新井トレス研究所

まえがき

現在、あなたはどの程度幸せですか。「とても幸せ」を一〇点、「とても不幸せ」を〇点とすると、何点くらいになると思いますか。

これは内閣府が二〇〇九年から三年間実施した「国民生活選好度調査」の一項目です。読者の皆さまは、何点と回答するでしょう。ちなみに、二〇一一年度の平均値は六・四一でした。

ＯＥＣＤ（経済協力開発機構）では、暮らしやすさの指標（Better Life Index）を作成し、加盟国を対象に調査を行い、一〇点満点で点数化しています。指標は一一項目あり、それぞれいくつかのデータから算出されます。たとえば「教育」については、国民が教育を受ける年数の平均値、ＯＥＣＤが別途実施している学習到達度調査（ＰＩＳＡ）における得点の平均値、高等学校を卒業した人の割合の三つのデータから計算されます。

一一の指標のうち、「生活の満足度」（Life Satisfaction）については、内閣府の調査と同様の質問に対する回答から得られたデータを集計しています。二〇一三年度の報告では、日本の平均値は六・〇で、三六か国中二七位。上位三位はスイス（七・八）、ノルウェー（七・七）、アイスランド（七・六）です。

日本の「教育」はフィンランドに続いて二位ですし、「安全」では一位です。他の指標もそこそこのところに位置しているのに、幸せや生活の満足度について聞かれると、平均以下になるというのが興味深いです。もしかすると、日本人は幸せの自己申告ではとても謙虚なのかもしれません。

〽幸せって、何だっけ、何だっけ？　うまい〇〇〇のある家さ♪

明石家さんまさん出演で、一九八六年にヒットし、二〇〇九年にリバイバルしたキッコーマンのテレビコマーシャルです。〇〇〇に入ることばを「ポン酢」と覚えているか、「しょうゆ」と覚えているかで年齢層がわかるそうです。

戦後、幸せを追い求めて頑張ってきた日本人ですが、高度経済成長も終わり、ふと気がつくと、何が幸せなのか、何を追い求めていたのかわからなくなる。そんな心の隙間をうまくつき、ポン酢や醬油で味付けした料理でほっとできる瞬間があればそれで幸せなのかもと、心理的に溺れそうなところへ浮き輪を投げたような、上手な作りの作品です。

もっとも日本は八六年からバブル経済に突入するわけで、ポン酢で満足できるような状況ではなくなります。そしてこのＣＭがリバイバルする二〇〇九年の直前にはリーマンショックが起きていて、持ち直しそうだった景気が大幅に後退しました。経済と心理が錯綜する様子がわかります。

近年、幸福をテーマにした本がブームになっています。幸せとは何なのか、人はどのような条件で幸せと感じ、どのような条件で不幸せと感じるのかを明らかにする研究が、心理学や経済学、最近では脳科学においても、急速に進んでいます。住民の幸福度を測定し、その改善を目指して政策を実施しようとする国や地域も出てきています。

書店には自己啓発本のコーナーがあります。成功したい、人格を高めたい、人生をより充実させたいと願う人たちに、ひらめきや助言を提供する本が集められています。これまでこうした棚にあったのは著名人の自伝的な本や宗教関係の本、その他、あの手この手で「浮き輪」を投げる本がほとんどでした。これからもそうした本が本棚から消えることはないでしょう。

けれど最近は、そうした本に交じって、心理学や経済学などの実証的な研究にもとづいて書かれた本も見られるようになってきました。自己啓発本に書かれていることをしている人は実際にはうまくいっていないことが多いといった研究成果が紹介されている本さえあります（リチャード・ワイズマン、木村博江訳『その科学が成功を決める』など）。

本書は自己啓発本ではありません。本書には幸せになる方法は書いてありませんし、本書を読んでも幸せにはなれません。

本書が投げる浮き輪は、幸せになる方法の見つけ方です。

何をもって幸せと感じるかは人それぞれです。心理学や経済学の研究からは、個人差があることと、どのくらいの人がどんなときにどのように感じるかがわかります。

たとえば、ボランティアや市民活動に参加することが幸せにつながる人がどのくらいいるか、参加することでどのくらい幸せ度が上がるのかは予測できます。ところが、こうした研究からは、私たち一人ひとりについてはわかりません。私の幸福度がボランティアに参加して上がるのかどうか、上がるとすればどのくらい上がるのかは、当然のことですが、私が実際にそうしてみないとわからないのです。

さらに重要なのは、幸福度の向上や維持にとって役に立つ活動は、ふつうに暮らしていると続けることが難しいことです。ボランティアに参加し続けること、家族や友人に親切にすること、将来に備えて貯金をすること、ピアノを習ったり、山歩きをするなど。

本当に「やりたい」と思っていることは、何かと先送りしてしまいがちなのが忙しい毎日に追われる現代人。何が自分の幸せにつながるかがわかったとしても、それをやり続けることの難しさから、結局は幸福度の停滞や低下につながってしまうのです。

本書では、幸せになる方法を見つける「じぶん実験」をご紹介します。実験の方法や解釈については、行動分析学の考え方を用います。

行動分析学は心理学の一つで、目の前の行動をそのまま対象とし、行動を変える変数を実験によって探る方法論をもっています。他の多くの心理学とは異なり、何かができないときに、その原因を意志の弱さや能力のせいにはしないところに特徴があります。

私は大学で行動分析学を教えています。これまでに、一〇年以上、学部生や大学院生、ときには社会人を対象に、行動分析学を学びながら、課題としてじぶん実験をする授業をやってきました。こうして積み重ねられた実験レポートの数は数百にもなります。

授業の課題としての実験は、研究として行うものではありませんから、記録や手続きの信頼性は限定されます。それでも、これだけの数になると、自分の行動を対象に行う実験がどうすればうまくいくか、どんなときに失敗するかがわかってきます。

本書を読んで、興味をもっていただければ、ぜひご自分の幸せ探しに、じぶん実験をお試し下さい。

第一章と第二章は行動分析学の考え方やじぶん実験の説明です。第四章では、じぶん実験のやり方を解説しました。

第三章と第五章は、わかりやすいように受講生を登場人物とした物語形式で、授業やじぶん実験がどのように展開するのかを解説しました。物語はすべて、掲載に同意してくれた受講生のレポートにもとづいています（ただし、プライバシー保護のため、登場人物の名前や所属などはすべて架空のものとしてあります）。

とにかく「じぶん実験」をやってみたいという読者は、第三章以降を先に読んでしまうというのも手かもしれません。

第一章

じぶん実験と自己理解——自分の行動の理由を知る

†自己実験は発明の源

かつては小中学校の国語の教科書でよく取り上げられていたので、ご存知の方も多いかもしれません。放射能の研究でノーベル賞を受賞したキュリー夫人（マリー・キュリー）と夫のピエールは、ラジウムを自分たちの腕にあててできる火傷を観察、測定し、放射線が人体に及ぼす影響を研究しました。

当時、動物実験などから危険性はわかっていたものの、人を対象とした実験はまさにその危険性ゆえに行うことができず、自分たちの体を使うしかなかったのです。キュリー夫人は白血病で他界します。実験による放射線被曝の累積が原因だと考えられています。キュリー夫人たちの研究成果は、がん患者に対する放射線療法として実を結びました。

レスリー・デンディとメル・ボーリングは著書『自分の体で実験したい』で、死を賭してまでも自分の体を使って研究を続けた科学者たちを紹介しています。人体がどれくらいの熱にどのように耐えられるかを自分の体で試したジョージ・フォーダイスや、エーテルが麻酔に使えるかどうかを試したウィリアム・モートンなど、訳書の副題にあるように、まさに命がけの科学者列伝です。

ところで、デンディらの著書の原題は『Guinea Pig Scientist』。「Guinea Pig」とは豚ではなく、動物実験で使われるテンジクネズミの一種で、いわゆる「モルモット」のことです。動物実験の被験体として定番のこの小動物は、「人をモルモットのようにあつかいやがって！」と言うように、なにかにつけて貶《おとし》められがちです。そういう発言を見聞きするたびに、私はネズミたちに申し訳ない気持ちになります。彼らの尊い命の犠牲なくして、医学の進歩はなかったわけですから。

たこをあげて雷の電気について調べ、プラスとマイナスの極性を発見したベンジャミン・フランクリンは、人間として成長するために「勤勉」「節約」「誠実」「正義」など一三の「徳目」について自分の行動の記録を取る、まさに自己実現のための自己実験をしたことでも知られています。

残念ながらフランクリンの自己実現はうまくいかず、最終的には自分の人格に欠陥があるまで我慢しようと思うに至ったとのことです。彼は毎週、その週に標的とする徳目を選び、毎日、その徳目について犯した過ちをノートに黒い点で記録していったようです。この方法では黒い点がなくなることはないでしょうし、マイナスばかり目に付くことになります。

アメリカでは百ドル札の肖像画となっているくらい尊敬されている人物ですが、映画『バック・トゥ・ザ・フューチャー』のように彼が現在にタイムスリップしてきたら、本書で紹介しているじぶん実験の方法に驚くかもしれません。

†エビングハウス「記憶研究」の功績

一八世紀から一九世紀にかけて自然科学が急速に発展し、遂に産業革命に至った時代。それまで哲学者のフィールドだった人の心を探求する新しい学問として、心理学が生まれます。思弁的な分析ではなく、実験を行い、データにもとづいて結論を出す、実証科学の方法論をかかげての旗揚げでした。

ドイツに生まれたエビングハウスはこの黎明期に、初めて記憶の実験をしたことで歴史に残る心理学者です。彼が用いた手法も自己実験でした。

彼は、意味をなさない文字列で作った単語（無意味綴り）を書いたカードを二〇〇〇枚以上も作成し、そこから毎日何枚かのカードを無作為に選んで束にしました。その束を上から順番に一枚ずつめくりながら、次のカードを口にだして読むのです。

ひらがなを使って再現するなら、たとえば、こんな感じです。

「へてと」「たすぬ」「おらも」「わらく」「よこら」……

「へてと」のカードをみながら「たすぬ」、「たすぬ」のカードをみながら「おらも」、「おらも」のカードをみながら「わらく」と言うのです。もちろん最初は次のカードがわからないので何も言えませんが、何回か繰り返していくうちに、次第に次のカードに書いてあることを言えるようになっていきます。

このような学習を「系列学習」といいます。

無意味綴りのカード一束すべて言えるようになるまで繰り返し、言えるまでに何巡したかを数え、その束のデータとして記録します。一度覚えた束はそのままとっておき、遅延時間をおいてから再度同じ課題を行います。遅延時間は数十分から最長で一か月ほどだったようです。

二度めの系列学習でも、最初からすべてのカードを思い出せるわけではありませんが、一度めよりは少ない繰り返しで言えるようになります。どのくらい少ない回数で済むかを「節約率」という指標で計算します。最初から完全に覚えていれば節約率一〇〇%になりますし、五

図1－1 忘却曲線

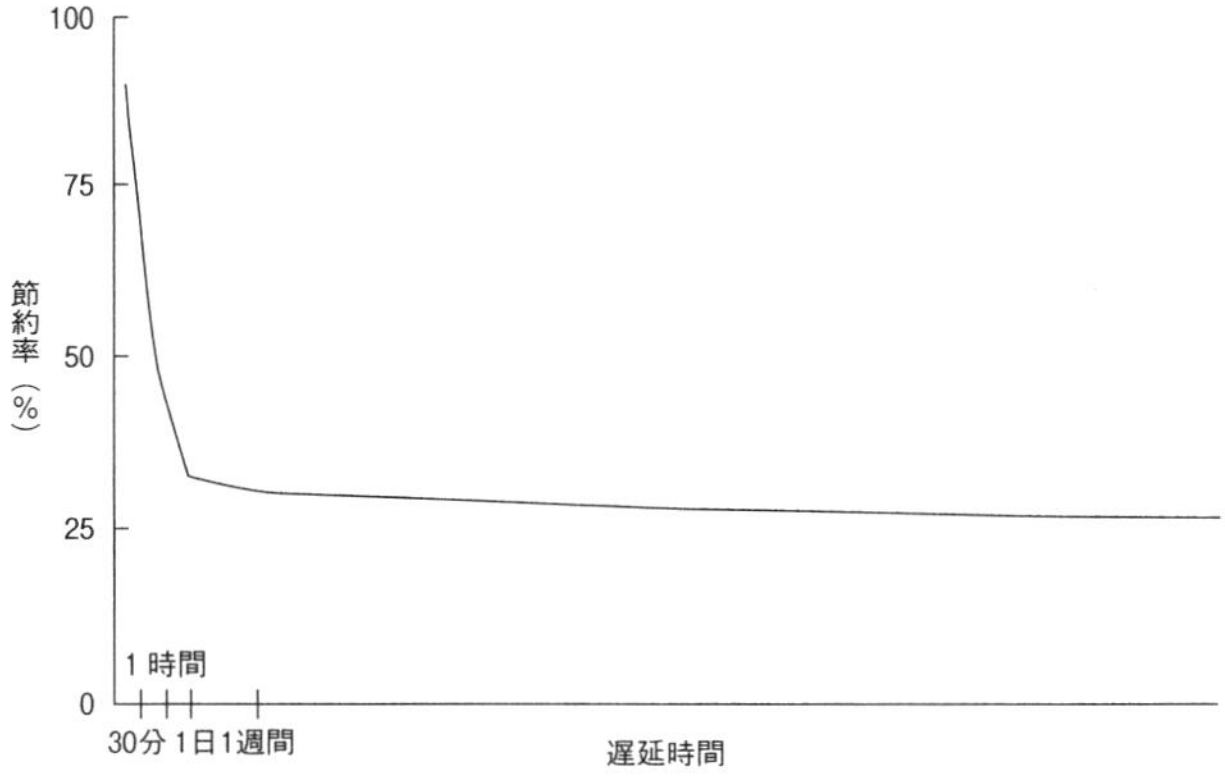

『心理学史への招待－現代心理学の背景』（梅本・大山 編著，2010）サイエンス社p.121を参考にした仮想データで作成。

○%なら半分の繰り返しで済んだことになり、一度めと同じ数だけ繰り返したなら○%、まったく覚えていなかったことになります。エビングハウスは系列学習に及ぼす変数について数多くの実験を行いました。

その中で、今でも心理学の教科書に掲載されることがあるのが図1－1のような「忘却曲線」です。横軸が遅延時間、縦軸が節約率です。一度記憶しても数十分後にはすでにかなり忘れてしまうこと、一か月たってもすべて忘れてしまうわけではなく、その後も記憶は残存していることがわかります。

それまでは「きっとこうに違いない」と推測されることしかなかった心の働き方について、誰にでも再現できる方法で実験的に研究を行ったことが、エビングハウスの功績です。

†自己実験に対する批判

記憶についての実験は今でも盛んに行われていますが、実験者自らを被験者とすることはまずありません。結果の信頼性を確保できないことが主な理由です。

被験者は、意識的にも無意識的にも、実験者の意向にあった反応をしてしまう傾向があります。これを「実験者効果」と言います。しかしそれでは調べたいことが調べられなくなってしまいますから、研究の目的や仮説は被験者にわからないようにするのが一般的です。ところが、実験者が被験者を兼ねてしまうと、そうもいきません。

一般に、心理学の実験では、研究における仮説を検証するために、数多くの被験者に実験に参加してもらいます。実験でわかったことが、被験者以外の同じような人たちにも当てはまるかどうか検討するためです。これを「一般化」と言います。そのために、多数の被験者が必要になるのです。

自己実験では、原則として、被験者である実験者のことしかわかりません。そのままでは一般化が難しいため、自己実験は今ではほとんど行われていないのです。

なお、近年では実験に参加してくれる人の人権やプライバシーを保護するために、様々な約束事や手続きが作られています。こうした流れの中で「被験者（subject）」も「参加者

（participant）」と呼ぶようになりました。しかし本書では、実験者が被験者を兼ねた一人二役で実験に参加するというじぶん実験の特徴から、「被験者」という言葉をあえてそのまま使っています。

素朴な自己実験

それでは自己実験にはエビングハウスの記憶の研究のような歴史的価値しかないのでしょうか。

結論を出すのは本書の結末までとっておくことにして、まずは私たちの日常生活を振り返ってみましょう。私たちは、原始的な方法ではありますが、普段から自己実験をしていると言えなくもないからです。

例を三つあげましょう。

その一は刺激を比較する方法です。ジャケットを買いにショッピングにでかけたとします。いくつかのお店を回り、最終候補が二つ残りました。どちらも同じくらい欲しいのですが、予算は一着ぶんしかありません。あなたは、どのような方法で選びますか？

候補の二着が同じ店にあれば、試着して、どちらがより似合うか着比べてみるかもしれません。鏡に映った姿を刺激として、その刺激があなたにもたらす感覚を評価し、比較するわけです。原始的ですが、これも実験です。実験がうまくいけば、購入後も同じような感覚が得られるはずです。

ところが買物もファッションも苦手な私の実験は、失敗の連続です。店内で見たときの色合いと、買って帰った後に家で着たときの色合いがあんなにも違うのはなぜなのでしょう。照明の違いでしょうか。それとも、あわせ着する他の服の色によって印象が変わるせいでしょうか。ジャケットにあわせて着ることになるパンツやシャツの写真をあらかじめ撮っておき、店でそれを見ながら、そして試着したところも携帯のカメラで撮影し、写真を横に並べて見比べれば、もう少し冷静で、失敗の少ない決定ができそうです。

ショッピングを実験と見立て、実験手続きを少しずつ改良していけば、少しは買物上手になれるかもしれません。

その二は過去の行動からの未来予測です。スマホを機種変換する際に通信会社も変えようと考えています。新しく料金プランを選ばなくてはなりませんが、とても複雑です。どうやら通話時間と回数が決め手になりそうです。あなたならどうしますか?

未来の行動を最も正確に予測できるのは、過去の行動からの推測です。通信会社も親切ですから、自社内の機種変更や料金プランの変更なら、あなたの過去の通話記録をもとに、どのプランが最もお得か教えてくれることでしょう。

でも、他の通信会社に乗り換えるときにはこの手が使えないかもしれません。それならば、現在使っている携帯の通話履歴を調べてみます。過去一週間、何回通話し、通話時間はどれくらいだったでしょう。四倍すれば一か月の利用状況が概算できます。

この例は自己実験の話ではありませんが、自分の未来の行動を予測するのに、「こうなるだろう」といった思いつきや、「このくらいだったはず」といった勘に頼らないところが要点です。過去の、客観的な行動記録にもとづいて考え判断すれば、より適切な意思決定ができるということです。

その三は、自ら記録することによる検討です。最近、膝が痛むことが多いので、ネットで評判のサプリメントを飲み始めたとします。何となく効いているようですが、気のせいのような気もします。そろそろサプリメントがなくなりそうです。もう一箱注文すべきでしょうか。あなたならどのように判断しますか?

たとえば、膝の痛みを毎日一〇段階で評価し、記録することにして、サプリメントを飲み始める前と後の二週間ずつで比べます。痛みの評定に差があったとして、でもそれは自然治癒かもしれないと疑うなら(ありそうなことです)、一、二週間飲むのを中止し、記録だけは続け、再度比較すればいいのです。

痛みの評定の違いは、気のせいでしかない可能性もあります。専門用語では偽薬(プラセボまたはプラシーボ）効果と言います。薬の効果が本当にあるかどうかを確かめるために、被験者には薬と偽って実は何の効果もない成分を与え、その偽薬と本当の薬とで効用に差があるか調べます。偽薬でも、被験者が効果を信じれば、効用が生じることがあるのです。ですから、医薬品の研究開発や臨床実験では、偽薬効果の可能性を取り除くことが必須です。

日常生活ではどうでしょう。膝の痛みが緩和されたと、勘違いであっても本人が感じていて、副作用もなく、占いや新興宗教の類いのように法外な対価を要求されなければ……、偽薬効果込みで利用するという選択肢も、個人の納得次第ではあり得ると思います。

†じぶん実験の目的

日常生活における自己実験の第一の目的は、あなたや私の幸せです。何が幸せか、どうすれば幸せになれるかについては、大きな個人差があります。だから、実験の結果が人それぞれになっても不思議ではありません。

上述の素朴な自己実験の三例からわかるように、目的は結果を一般化して万人に共通の法則を見つけることではありませんから、それでいいのです。そして、だからこそ一般化を目的とした実験とは別の方法論が求められることになります。

本書では、自己理解と自己実現のために、自らの行動を対象にして行う自己実験を「じぶん実験」と呼ぶことにします。

ここでの自己理解とは、「行動の理由を理解すること」をさします。自分がその行動をする理由や、その行動をしない理由を、「行動の諸法則」を用いて知るという意味です。じぶん実験では、何とかしたいと考えている自分の行動を変えていきながら、同時に自分を理解していきます。行動を増やしたり減らしたりする要因を、「行動の制御変数」と呼びます。

心理学という学問の究極の目的は「行動の予測と制御」であるとも言われています。じぶん実験の目的も、自らの幸せにつながる、自らの行動の制御変数を見つけることと定義できます。これこそが、まえがきでふれた「浮き輪」の正体であり、本書を通じて皆さまにお届けしたいことです。

†セルフコントロール、セルフマネジメントとの違い

ところでセルフコントロールやセルフマネジメントは、行動分析学だけではなく、心理学や教育学、行動医学や看護学においても、古くから研究されてきたテーマです。ダイエットや喫煙、健康維持や自己学習など、幅広い領域で、自分で自分の行動を管理するために有効な方法が探求され、開発されてきました。

ここで言うコントロール（control）とマネジメント（management）に、明確な学問的区別は

ありませんが、コントロールという言葉からは、なんとなく禁欲的な印象を受けます。確かに、おやつを食べ過ぎないとか、煙草を吸わないとか、TVやゲームを我慢して勉強するとか、怒りの感情をそのまま人にぶつけないとか、どちらかというと望ましくない「衝動」をいかに抑制できるかを探求する研究が、セルフコントロールには多いようです。これに対してマネジメントという言葉からは、もう少し前向きで積極的な印象を受けるかもしれません。水泳で自己記録を更新するための練習を続けるとか、健康のために一日に食べる野菜の量を増やすとか、資格試験合格に向けて立てた学習計画をその通りに進めるとか、どちらかといえば望ましい行動をいかに促進できるかを調べた研究が多くなります。

セルフコントロールやセルフマネジメントは、行動を抑制したり促進するのに、より多くの人にとって有効な方法を探求し、開発するものです。

では、じぶん実験と、それらの研究とはどこが異なるのでしょうか。じぶん実験は、誰か他の人がやって成功したセルフコントロールやセルフマネジメントの手法を試すことではありません。

もちろん、そういう知見を参考にすることもできますが、物の世界と違い、個人差が大きい行動の世界では、仕組みがわからないままで導入する解決策は往々にして失敗します。

次のような例はどうでしょう。子育てをしていて、同じように対応しているつもりなのに兄弟で反応が違うのはよくあることです。学校ではクラス全員が同じ授業をとっていても、理解度や成績にどんどん個人差が生じていきます。

研究でわかったことや開発した方法を一斉に適用して高い成功率が見込めるのは、個体差や個人差が小さい場合です。行動問題のような、一般的に個人差が非常に大きい対象においては、前の研究でうまくいったことをそのまま適用しても、その通りに効果がでないのはよくあることなのです。

じぶん実験をするということは、自らの行動を変えたり、制御変数を見つけることだけが目的なのではなく、行動の諸原理や研究方法を学んで自らが自分の行動を探求する力をつけること、自分にあったセルフコントロールやセルフマネジメントの手続きを開発する方法を手にするということです。

†他者理解と自己理解

人を知る、己を理解するとは、どういうことでしょうか。

凶悪な殺人事件が発生し、逮捕された容疑者Sの近所に住む人に、テレビ番組の記者がインタビューしています。

「Sさんはどんな人でしたか?」と聞かれ、「いつも笑顔で挨拶する、礼儀正しい人でしたけど。あんなことをするとは信じられないわ」と不安そうに答えるエプロン姿の女性。この人は容疑者Sの真の姿を知らなかったのでしょうか。それとも、正しく理解していたけれど、近所で評判の良い人でも事件を起こすものなのでしょうか。

「あの人はどんな人ですか?」と聞かれると、私たちはたいてい「明るい人」とか「積極的な人」とか「おとなしい人」のように、「性格」を表す言葉で答えます。「よく笑います」とか「よく食べます」とか、「いつも本を読んでます」のように、具体的な行動で答えることもあります。

「礼儀正しい」はどちらかと言えば性格、「笑顔で挨拶する」は行動にあたります。この例からわかるように、一般的に言う性格とは、行動の集まりにまとめて名前をつけたものです。「笑顔で挨拶する」だけではなく、「目上の人には丁寧語で話し」、「挨拶を忘れず」、「深くおじきをして」、「道をゆずったり」する様子を普段からみていると、「あの人はどんな人ですか?」と聞かれたときに、そうした行動の集まりに「礼儀正しい」という名前をつけて答えるというわけです。

†便利な要約語

同じような傾向をもつ行動の集まりにまとめて名前をつけていることから、こうした名前を

「要約語」と言うことにします。

要約語は便利です。一つひとつの行動について例をあげなくても、「礼儀正しい」と聞けば、その人がどのような行動をするのか、およそ予測できるからです。付き合っている人の親御さんに初めて対面するときに、「うちの親は礼儀を重んじる人だから」と言われていれば、それにあわせて行動できますよね。聞き手にとって有益な情報を手短に伝えられるわけです。

一方で、要約語にも限界はあります。たとえば、「やさしい」という要約語。「話をよく聞いてくれる」「頼み事はほとんどすべて引き受けてくれる」をやさしいと要約する友美さんもいれば、「よく話しかけてきてくれる人」「できないことはできない理由をはっきり言う人」をやさしいと要約する順子さんもいます。順子さんにとってやさしい人が友美さんにとってもやさしい人とは限りません。

順子さんがやさしい人と紹介した康くんが、友美さんの依頼を断ったら、友美さんは順子さんが嘘をついたと思うかもしれません。あるいは友美さんは、順子さんが康くんのことを知らない、ちゃんと理解していないと思うかもしれません。

正確に理解し伝えようとすると、要約語ではなく、具体的な行動例を使うことになります。それをここでは「具体語」としましょう。「礼儀正しい」の代わりに「挨拶をする」とか「丁寧語で話す」とか「席を譲る」とかの、行動を記述する言葉で表すのです。これなら誤解も減らせます。

具体語で人を理解するのは手間がかかりますし、理解したことを他の人に伝えるのもたいへんですが、正確さは増します。より客観的に理解できるようになると言えるでしょう。それでも完璧ではありません。

†具体語の限界

「康くん、ちっともやさしくないじゃない。サークルの名簿づくりの手伝いを頼んだのに断られちゃったわよ」友美さんが順子さんに文句を言っています。

「へぇ。そうなの」順子さんは涼しげな顔をして応じます。

「あなたが康くんはやさしいよって言ってたから頼んだのに、へこんだわよ」

「へんね。先週、私がゼミの発表の手伝いを頼んだときには引き受けてくれたのに」

「何それ」

そうです。もしかしたら、康くんは順子さんのお願いは引き受けるけど、友美さんの依頼はすげなく断るのかもしれません。ありえないことではないですよね。

具体語で人を記述することは正確な理解につながりますが、その場合、具体的な行動を幅広い条件で観察することが大切です。どんなに「やさしくみえる人」でも、どんなときでも「やさしい」とは限りません。やさしいとされる行動が生じる条件を知っておく方が、より正確で深い理解につながります。

「なんだ、康くん、順子に気があるのね」

そうかもしれません。康くんの「依頼を引き受ける」行動を引き出しているのは、順子さんの「ありがとう」や笑顔、依頼を引き受けた後で順子さんと連絡する機会が生まれることかもしれません。

友美さんの推測には、若干の嫉妬が混ざっていますが、方向性は間違っていません。行動が生じる条件があるとして、その理由がわかれば、さらに深い理解につながります。

†思い込みや決めつけの失敗

「順子に気がある」というのは鋭い女の勘ですが、思い込みは「誤解」という奈落の底へ、自らを突き落としかねません。そうならないように、第三者の視点で状況を冷静に俯瞰視してみましょう。

行動の理由を推察するためには、その行動が生じているときと生じていないときの条件や状況を調べたり推理したりして、比較することが有効です。たとえばこんなふうにです。

①友美さんと順子さんとで依頼した時期が違います。康くんは、先週は今週に比べて比較的自

由になる時間があったのかもしれません。
②ゼミの資料づくりは康くんにとっても勉強になるし、発表テーマについても関心のあることだったが、サークルの名簿づくりにはそういう興味が持てなかったのかもしれません。
③康くんは名簿を作るための表計算ソフトの使い方を知らず、苦手意識があったのかもしれませんし、
④そのことを友美さんに知られるのを避けたかったのかもしれません。
⑤それどころか、康くんは前々から密かに好意を抱いていた友美さんが突然話しかけてきたので驚き、どうしていいかわからなくなってしまったのかもしれません。
他にもいくつもの可能性が考えられますが、とりあえずここまでにしておき、次に、どうすれば、この推理を検証できるかを考えてみましょう。
①時期による忙しさの違いが原因なら、友美さんが別の時期にもう一度頼んでみればわかります。
②依頼の内容が原因なら、友美さんがゼミの発表準備を頼んでみたり、順子さんがサークルの名簿づくりを頼んでみたりすれば、有益な情報が得られますし、
③表計算ソフトを使わない仕事を手伝ってくれるように頼んでみてもいいでしょう。
日常生活でこのような実験をする人は少ないかもしれませんが、ここでわかっていただきた

いのは、「順子に気がある」という決めつけのような結論で終わってしまう場合と、こうしてありえる原因を推理する場合とでは、康くんの行動に関する理解の深さに大きな違いが生じる可能性が大きいということです。

†素朴な実験による他者理解

さて、康くんのことが気になる友美さんは、もう一度康くんに話をすることにしました。

「康くん、さっきはいきなりごめんね」

「名簿のこと? こっちこそ、ごめんな。役に立てなくて」

「ううん。でも、他の人にも頼んでみたけど、引き受けてくれる人が見つからなくて」

「そりゃ、たいへんだね」

「康くん、来週以降なら手伝ってもらえるかな。康くんの都合のよいときでいいから」

「うん。今週末にレポートの締切があるから、それ終わってからでいいならやるよ」

「ホント。ありがとう。助かるわ」

実験とまではいきませんが、友美さんは康くんの行動に関する推理の幅を広げ、実際に何かすることで、康くんを誤解したまま終わらずに済みました。名簿づくりも手伝ってもらえそうです。もしかしたら二人の関係もここから進展するかもしれません。

人を要約語で理解するのはたやすいですし、他の人と情報共有するのにも便利です。でも、その人のことをよく知ろうとするなら、具体語でわかる行動に関する情報を増やすべきです。その人のことをもっとよく知ろうとするなら、行動が起こる条件やその理由について考え、調べるべきです。そして、そのように理解を深めれば、人に対する誤解を避け、より密接な人間関係を築き、拡げられるようになります。

†要約語の罠

他者を理解するのも、自分を理解するのも同じです。

「あなたはどんな人ですか」と聞かれたら、あなたはどのように答えますか？　就職活動をしているときに履歴書にはどのように書きましたか？　面接ではどのように答えましたか？「外向的」とか「積極的」とかの要約語を使ったかもしれません。「読書やスポーツが好き」と趣味について答えたかもしれません。これは、本を読むことが多いとか、スポーツをしたり、観戦したりすることが多いということですから、行動に関する具体語の表現とも言えます。

しかしこれだけで、あなたのことをよくわかってもらえるはずもありません。

積極的と言われたら、初対面の人に自分から話しかける人なのだと思う人もいれば、人が嫌がる仕事を自分で進んでやる人だと思う人もいます。もしかしたらあなたは、誘われれば山でも海でもどこにでも遊びに行くという意味で「積極的」と表現したのかもしれないのに。

話し手と聞き手とで要約された行動が異なると誤解が生じるという「要約語の罠」です。

人に自分から話しかけるのが得意というように、具体的な行動で表現しても、誤解は生じます。

たとえば次のうち、あなたが自分から躊躇《ちゅうちょ》なく声をかける状況はどれでしょうか。
・ツアー旅行で一緒になった人たちで、これから数日間、生活を共にする人と初めて会った
・駅の改札で地図を広げて相談している、明らかに道に迷ったふうの中東系の旅行者
・人見知りの甥っ子が手持ち無沙汰にしているとき
・休憩室で煙草をふかしている、尊敬しているけど怖れてもいる上司
・近所の図々しそうなおばちゃんと避難訓練で隣同士になったとき
そこまで考えたことがない人がほとんどではないでしょうか。気にしたこともないでしょう。それにも関わらず、ほとんどの人は「あなたは人に自分から話しかけることが得意ですか？」といった質問に対して苦もなく答えられますし、実際にそういう場面に出くわしたら、それほど迷うことなく、話しかけたり、話しかけなかったりするはずです。

つまり、ほとんどの人は自分の行動傾向を実際に行動してみるまではよく知らないということになります。もしかしたら、逮捕された容疑者Sをよく知らないのと同じくらい、わかっていないのかもしれません。それでも害はありません。そこまで深く自分を知らなくても何の問

題もなく生きていけます。ただし、自分の可能性を限定してしまうことはあるかもしれません。

†循環論の罠

自分は「内気で、自分から話しかけるのが苦手」と確信している人を例に考えましょう。「内気」だから「人に自分から話しかけるのが苦手」というように、行動の原因を性格に求めてしまう人もいますが、これは間違いです。要約語は行動の集まりにつけた名前でした。まとめて言い換えているだけですから、行動の原因にはなりえません。

行動の原因を性格に求めてしまうと「循環論の罠」にはまります。循環論とは論理的に間違った論法の一つで、説明しようとする対象を説明の根拠としてしまう過ちです。この場合、「人に自分から話しかけるのが苦手」な理由が説明すべき対象ですが、そもそも「人に自分から話しかけるのが苦手」なことを「内気」と言い換えているだけなので、それでは説明になりません。

循環論の罠はそこら中に仕掛けられています。数学の問題が解けないのは数学が苦手だから。スポーツ大会で活躍するのは球技の才能があるから。カラオケで音程をはずすのは音痴だから。いつも笑顔なのは陽気だから。延々と続けられますが、すべて循環論です。

循環論の罠にはまっていても、解釈が間違っているというだけで、やはり実害はありません。

ただし、そのせいで自らの可能性を限定してしまうとなると話は別です。「人に自分から話しかけるのが苦手」なのは内気のせいだと思い込んでいる人は、自分は、内気だから、どんな状況でも話しかけないと決めつけ、話しかけたい人がいても、やめてしまっているかもしれません。「将来、医者になって病気で苦しんでいる人たちを助けたい」と思っていても、「数学が苦手だから」を理由に医学部への進学を早々にあきらめてしまうかもしれません。

話したい人には話しかけるべきとか、医者になりたいなら医学部に進学すべきと言っているわけではありません。間違った、不正確な思い込みで、知らず知らずのうちに、自分の人生に自分で限界を設定している可能性があるということです。

友美さんが「順子に気がある」という「思い込み」を乗り越えて、康くんにもう一度別の形でお願いしたら依頼を引き受けてもらえて、康くんともっと仲良くなれる可能性が見えてきたように、自分の内気や数学が苦手な原因を推理し、ちょっとした実験をやってみたら、今はこうだと思い込んでいる自分を乗り越えた明日が見えてくるかもしれません。

実験の結果、やっぱり話しかけられなかったり、数学の問題が解けなくても、失うものはありません。自分を再確認するだけです。

じぶん実験をすることで、それまで気づかなかった自分の一面に気づくということは珍しくありません。

†じぶん実験の「自己理解」とは

ここで、本書における自己理解を定義しておきましょう。「人」は、その人の行動が生じる「場」のようなものと考え、「人」よりもその人がする「行動」に焦点をおきます。したがって自己理解も、私たちそれぞれが自分の行動を理解することとなります。

あとで解説しますが、ここで言う「行動」には、感情や思考なども含まれます。

行動を理解するということは、行動に影響を及ぼす要因、つまり「制御変数」を突き止めるということです。行動分析学では行動を、生起頻度、強度、潜時、持続時間など、様々な尺度で測定します。この中で、じぶん実験の対象にしやすいのは「生起頻度」です。すなわち、多くの場合では、行動を増やしたり、減らしたりする条件を知ることが、行動を理解することになります。これがじぶん実験における自己理解です。

第二章

行動分析学と自己実現——自分の行動を変える

†成功のカギは、決意の強さか才能か

〽夢をかなえる一番の方法　君に教えよう
それはかなうまでやり続けること　自分を信じて♪

今では日本を代表するフォークデュオであるコブクロの、インディーズデビューCDに収録されている『夢唄』という楽曲です。路上ライブをしていた当時の彼らの意気込みとデビューへの不安が素直に表現されている隠れた名曲であり、数年もしないうちに、彼らはこの歌詞の

正しさを自ら証明することになります。

野球のイチローやサッカーの本田圭佑や卓球の福原愛選手のように、世界で活躍するようになったアスリートたちは、プロ野球やセリエAやオリンピックでプレーすること、プレーできることを子どもの頃から信じていたようです。小学校の卒業文集や卒業アルバムに「僕の夢は……」とはっきり書かれているのを見ると、この人たちに、もともと強い決意があったことがわかります。

しかし、忘れてはいけないのは、こうした夢を卒業文集に書いたのは彼らだけではないということです。将来を夢みた同級生は他にもたくさんいたはずです。彼らと同級生の違いはどこにあるのでしょうか。決意の強さでしょうか。それとも才能の違いでしょうか。

正解は練習です。様々な分野の達人の過去を調べた研究から、達人をつくる最大の条件は、幼少期からの集中した練習であることがわかっています。陸上や水泳のように、遺伝によって影響を受ける筋力や骨格のつくりなどに大きく左右される競技では相対的な効果は小さくなりますが、それでも練習が最大の条件であることに間違いはないようです。

専門家について長年研究している心理学者のエリクソンは、幼少期のうちに一〇年以上、合計一万時間以上、修行のような基礎練習を楽しんでするこ とが、達人を生み出す目安になると報告しています。それだけでいいなら、私もあなたもメジャーリーガーになれそうです。でも、計算するとわかります。一万時間を一〇年で割ると一〇〇〇時間、一〇〇〇時間を三六五日で割ると二・七時間。盆暮れや風邪をひいた日は休むとしても、毎日三時間のそうした練習を一〇年間続けなくてはならない計算です。

修行のような基礎練習（エリクソンは deliberate practice と呼んでいます）そのものは、楽しいとは限りません。たとえばピアノを弾くために一〇本の指を独立して動かす運指《うんし》の練習は苦痛にさえ感じるかもしれません。だからこそ、練習によってそれまでうまく弾けなかった曲がうまく弾けるようになること、つまり上達を、本人が楽しんでいることが条件になるそうです。子どもが嫌がっているのに毎日千本ノックを繰り返し、ちっとも上達しないのなら、練習時間にカウントされないということです。

継続は力なりということわざには、しっかりした根拠があるということになります。

†りんごが木から落ちるのは力不足？

一方で、継続が難しいというのもまた事実です。何かを続けようとして挫折したことがある人は実感をもって納得できることでしょう。英会話でも、貯金でも、ダイエットでも、夫や妻や恋人にやさしくすることでも。

続けることを諦めるとき、私たちは「自分はだらしないから」とか「才能がないから」とか、何かしらの言い訳を考え出すものです。

でも、言い訳はいらないのです。続けることが難しいのは、りんごが木から落ちるのと同じくらい自然な現象だからです。りんごが木から落ちるのは、そのりんごがだらしなかったり、力不足だったり、信じる力が弱かったりするからではありません。

他よりも早めに熟して木から落ちたりんごを「だらしない」と責める人はいません。責めたからといって、りんごが元に戻るわけでもありません。強風に耐えて落ちにくいりんごを作ろうとするなら、農学や遺伝子工学の力を借りることになります。あるいは気象学などの知識から風があたりにくい畑のつくりを工夫するかもしれません。

野球の練習を続けられず辞めようとする子どもに「お前はだらしない、信念がない、才能がない」と叱るお父さんは、木から落ちたりんごに文句を言っているのと同じくらい効果がないことをしているのだと自覚すべきです。

†死人テスト

りんごがどのように木から落ちるかについては物理学の知見を使って予測できます。重力や空気抵抗がどのように落下運動に影響するかわかっているからです。

子どもの行動についてはどうでしょう。子どもの行動に影響を及ぼす要因にはどのようなものがあるでしょうか。これを明らかにするのが行動分析学という学問です。子どもだけではなく大人の行動も、人間だけではなく犬や猫や鳥や魚の行動まで、ありとあらゆる動物の行動を対象にしています。

物理学が物体の落下に及ぼす要因を明らかにしたように、生物学が細胞の仕組みや遺伝の法則を明らかにしたように、行動分析学は生き物の行動に影響する要因を解明してきました。行動の諸法則とは、そのようにして確立された知見です。

行動という言葉からは、走ったり、ボールを投げたり、食べたり、電話をしたりといった、目にみえる運動をイメージされるかもしれませんが、行動分析学が対象とするのは、「死んだ人」にはできないことすべてです。考えたり、感じたりするのも行動です。好きな人からのメールに胸躍らせるのも、怖い上司からの駄目だしに意気消沈するのも、身に覚えのないことで責められてかっとなって言い返すのも、どこの店で何を食べるのか考えたり選んだりするのも、すべて死人にはできませんから行動です。

これも行動なのだろうか？　と迷ったら、死人にそれができるかどうか考えてみて下さい。私たちはこれを「死人テスト」と呼んでいます。じっとしているとか、道に倒れているとかは〝死人の得意技〟ですから行動ではありません。

お酒を控えるとか、友達の悪口を言うのをやめるというのも、何らかの行動をしないことですから、このままでは行動の定義としては不適切です。それぞれ「お酒を飲む」や「友達の悪口を言う」と言い換えます。

言葉遊びをしているわけではありません。行動の諸法則はこのように定義された行動について実験し、見出された法則なので、行動の諸法則を使って行動を変えようとするときには、それに見合った定義をする必要があるのです。

お酒を控えるとか、友達の悪口を言わないようにするというのも、「お酒を飲む」行動や「友達の悪口を言う」行動の頻度を下げると定義すれば、行動の諸法則が使えるようになるのです。

†行動の諸法則

物理学の落下の実験では、空気抵抗という要因をなくすために、実験室で真空の管を作り、そこで質量の異なる鉄の玉や羽毛を落として落下速度を測定します。行動分析学の先駆者たちは、物理学や生物学がそうであったように、まずは単純な行動を選び、他の要因が入り込みにくい環境を実験室に作りました。ハトやネズミといった実験動物を被験体にして、実験箱の壁につけたスイッチをつついたり、レバーを押したりするという行動について実験を重ねて、行動の頻度を増やす要因や減らす要因を見つけていったのです。そうした研究成果が蓄積され、行現在では行動の諸法則として確立されています。

実験室でみつかった行動の諸法則は間もなく日常生活に応用されるようになりました。はじめは精神障害や知的障害がある人たちの行動マネジメントに適用されます。心に原因があるとされ、隔離や拘束するしか対処方法のなかった行動問題を、行動の諸法則を使って解決していくことに活用されるようになりました。今では自閉症やＡＤＨＤなどの発達障害をもった人たちへの支援にはなくてはならないものとまで言われています。

さらに、行動の諸法則は、障害の有無に関わらず、広く応用されるようになりました。スポーツや音楽の指導、企業におけるマネジメント、公衆衛生、介護や福祉、リハビリテーション、省エネ、宇宙飛行士の健康管理など、その応用領域の広がりは今も拡大しています。

行動の「諸」法則としているように、行動分析学がみいだしてきた法則は一つではありません。とはいえ、一〇〇も二〇〇もあるわけでもありません。

自然科学ではできるだけ少ない数の法則で、できるだけたくさんのことが説明できる理論に価値をおきます。まとめ方にもよりますが、行動分析学の諸法則はせいぜい三〇程度です。巻末に参考図書を挙げますので、行動分析学についてはそちらをお読み下さい。本書ではじぶん実験をするときに中心となる、「行動随伴性」の概念を中心に解説します。

†行動随伴性を考えるためのABC分析

何か行動をした直後に環境が変化すると、その変化のためにその行動が将来繰り返されたり、繰り返されなくなることがあります。行動と環境変化とのこのような関係を「行動随伴性」と言います。

行動随伴性は行動の前後に何が起こっているのか観察し、書きだすことで推察できます。本書では、行動の前に起こっていることを「先行事象」、行動の後に起こっていることを「後続事象」と言うことにします。

英語では先行事象、行動、後続事象のことを、それぞれAntecedents、Behavior、Consequencesと書きます。そのため、行動を制御する随伴性を調べることは英語の頭文字をとって「ABC分析」と呼んでいます。

すべての随伴性が行動を制御するわけではありません。どの随伴性が行動を制御するかは、随伴性を変え、それに伴って行動が変わったかどうかで判断します。これが行動分析学における実験です。

じぶん実験では、増やしたい行動が増えない理由、減らしたい行動が減らない理由を行動随伴性として推定し、その中のいくつかを操作して、それで行動が変わるかどうかを確かめます。

行動問題の原因を推定するにしても、解決策を考えるにしても、あなたの行動にどのような先行事象や後続事象が影響するのかを知っておく必要があります。

†好子と嫌子

行動を増やしたり減らしたりする後続事象には、どのようなものがあるでしょうか。

行動の直後に出現すると、その行動の自発頻度を高める出来事や条件を「好子《こうし》」といい、反対に、行動の自発頻度を低める出来事や条件を「嫌子《けんし》」といいます。

好子と嫌子には、遺伝によって決まっている生得性のものと、生まれてから学習した習得性のものがあります。

遺伝情報が共通している限り、生得性の好子や嫌子はほぼ共通しています。つまり種に共通の特性です。一方、習得性の好子や嫌子は個体によって異なります。人でも、動物でも、習得性の好子や嫌子の違いが個性となって現れます。

動機づけや自己実現に関する第一人者であった心理学者のマズローは、自己実現へと至る人の基本的な欲求を、階層的な構造として表現しました（図2-1）。この図を使って、好子と嫌子の具体例を考えてみましょう。

最下層は生理的欲求です。ここには、食べもの、飲みもの、空気、睡眠、セックスなどが含

図2−1　マズローによる欲求の階層構造

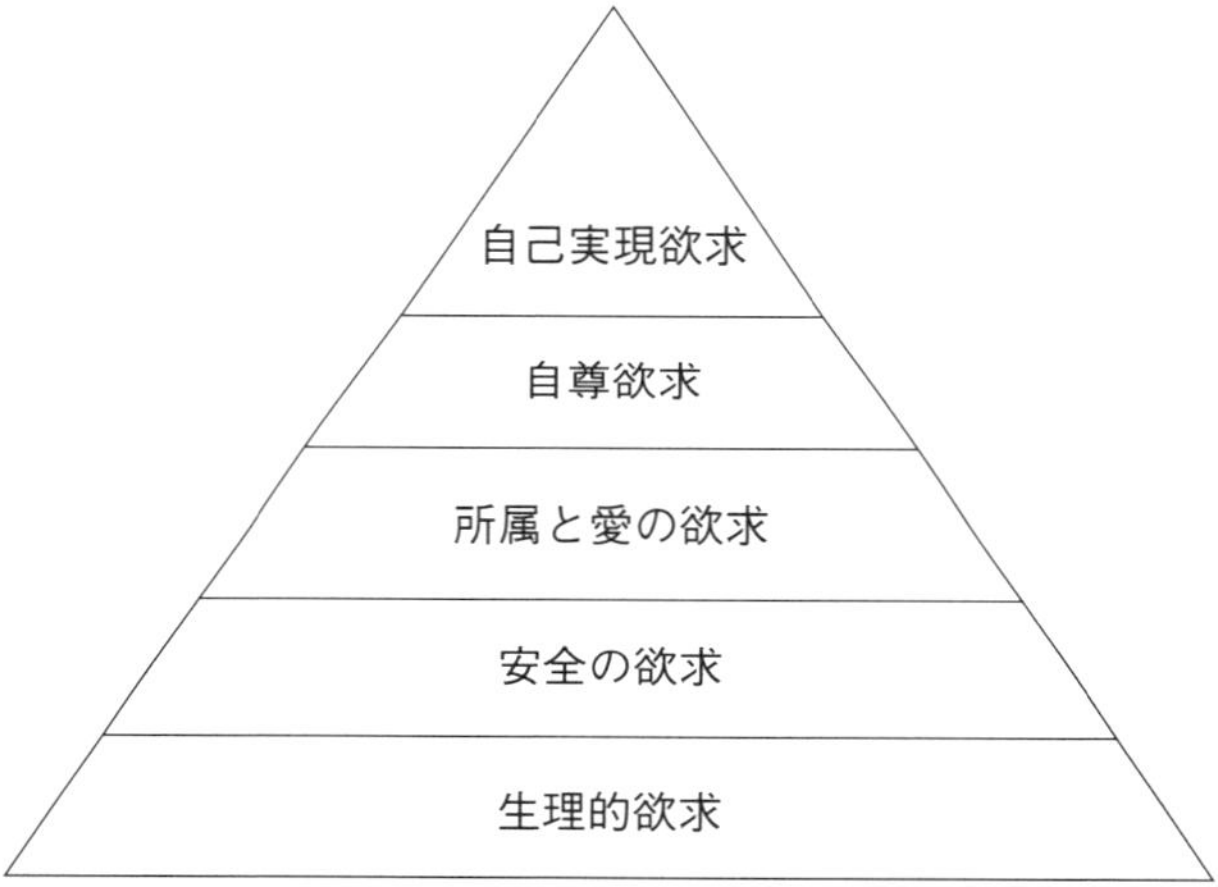

まれます。生きて子孫を残すために最低限必要な欲求です。行動分析学から解釈すれば、すべて生得性の好子として捉えられます。

強化の随伴性と確立操作

生得性の好子が行動の直後に出現することで、様々な行動の頻度が増えます。冷蔵庫を開けたり蛇口をひねるといった「行動」は、食べものを見つけたり、水が出てくることで増加します。息苦しくなってきたときに大きく息を吸う「行動」も、快適な睡眠のために就寝前に寝室の蛍光灯を消す「行動」も、酸素が取り込まれること、ぐっすりと眠れることで増加します。

このように、行動の将来の頻度を増やすものを「強化の随伴性」と言います。

生得性の好子は人間なら人間、猫なら猫、犬なら犬というように、「種」に共通しますが、生得性の好子が強化する行動は習得されるものであることに注意して下さい。従ってここにも個性が生まれます。

飲み水を要求すること（行動）は、生得性の好子としての水を得ることで強化されますが、その言葉は、「お水下さい」の人もいれば「喉が渇きました」の人もいるし、"A cup of water, please."の人もいるわけです。好子は共通（水）でも、それぞれの環境にあった行動が学習されるという、種の保存にとって適応度の高い仕組みになっているのです。

生得性の好子だからといって、いついかなるときにも好子として機能するわけではありません。水をたっぷりと飲んだばかりの人にコップ一杯の水は何の作用ももたらさないですし、十分に寝た後と徹夜明けとでは、睡眠が好子として行動を強化する力に違いが出てきます。

つまり、好子が行動を強化するには何らかの条件設定が必要ということです。これを行動分析学では「確立操作」と呼んでいます。確立操作は、ある出来事が有する好子や嫌子としての効果を増減させる条件です。同時に、それらの好子や嫌子と関連した随伴性によって強化されたことがある行動を引き出す機能も持ちます。

水の場合、数時間水を飲んでいない「遮断化」という操作が水分の好子としての機能を高める条件となります。十分に水分を摂取するという「飽和化」の操作は、好子としての水の機能を低める条件となります。確立操作は一つとは限りません。水であれば、運動したり、辛いものを食べたりしても、水の好子としての機能が高まります。

生理的な操作だけでもありません。小火《ぼや》を消そうとしたり、床掃除のために雑巾を洗おうとしたときにも水は好子として確立されます。ただし、水の持つこうした多方面の機能はマズローによる分類では想定外です。

†弱化の随伴性

図2－1の下から二番めの層は安全の欲求です。身体的な安全だけではなく、経済的な安定性や職業的な安定性も含まれます。また、自分の安全だけではなく家族や地域の安全も想定されています。

行動分析学から解釈すると、この層に含まれる要因のほとんどは生得性、習得性の嫌子と関連していそうです。痛みを与える刺激、極端な高温低温、度を超した大きな音、悪臭や異臭などは、生得性の嫌子として機能します。

行動の頻度を減らすものを「弱化の随伴性」と言います。加熱したアイロンにさわってしまって（行動）、火傷をしたら、アイロンにさわる行動の頻度が低下します。

嫌子によって行動が増える随伴性もあります。悪臭がしたらそこから立ち去る行動が強化されるかもしれません。大きな音がしたら手で耳を塞ぐ行動が強化されるかもしれません。行動を強化する機能が生得的に備わっているだけで、強化される行動そのものが生得的に決まっているわけではないところは生得性の好子と同様です。悪臭の例であれば、鼻をつまむ行動や口だけで息を吸う行動が強化されたり、消臭剤を振りまく行動が強化されるかもしれません。

マズローはこの層に物理的な安全だけではなく、仕事や収入が安定しているという心理的な安全も含めています。行動分析学から解釈するなら、仕事や収入の安定に関わる出来事や状況は習得性の好子として機能し、それを失う兆候は習得性の嫌子として機能すると言えます。

学生にとって志望先の企業からの内定書はとても強力な好子として機能します。多くの社会人にとって、指示された仕事が終わらずに上司が不機嫌な表情をしているときには、それが嫌子として機能し、何とか仕事を終わらせようと残業する行動が強化されるでしょう。勤めている会社の経営状況が悪化しているという情報に接したら転職活動が「自発」されるかもしれません。

†自己実現への道程

マズローの考え方は自己実現理論と呼ばれます。人間の欲求は自己実現に向かって段階的に成長すると考えていたようです。図2－1で言うなら、生理的欲求と安全の欲求が満たされてから所属と愛の欲求が生じるというように。

行動分析学では、習得性の好子や嫌子は、もともとは好子や嫌子の機能をもっていなかった出来事が、すでに好子や嫌子の機能をもった出来事と同時に出現することで、好子や嫌子の機能を獲得したものと考えます。他者からの注目は、最初は何の機能ももっていなくても、子どもが母親の注目をひきながらお菓子をもらったり、大人がレストランでウェイトレスの注目をひくことで注文できたりすると、母親やお菓子や食事と同時に出現する好子になり、注目を得る行動を強化するようになります。

お金も強力な習得性の好子です。赤ちゃんにとって紙幣は紙切れと同じですが、他の様々な物（好子）と交換して強化されることで、お金は強力な、習得性の好子となっていきます。

図２－１の真ん中の層、所属と愛の欲求には、他者に受け入れられているという感覚やどこかに属していて居場所があるという感覚が含まれます。逆に、人から拒否されたり、無視されること、認められないことは避けるようになると考えられています。

行動分析学から解釈すると、「所属と愛の欲求」の階層は社会的な好子や嫌子にあたります。他者からの注目、承認、了解などが習得性の好子として機能し、無視、否定、拒否などが習得性の嫌子として機能するようになります。

上から二番目の自尊の欲求は他者からの尊敬や名声、地位などの低いレベルと、自尊心や自立心などのより高いレベルに分かれるようです。どちらも社会的な関係性にもとづいた好子や嫌子ですが、後者はただ褒められるのではなく、自分で納得できる理由で認められるという点に違いがあります。注目や承認などの社会的な好子だけでなく、仕事の成果や内容など、その行動が本来生み出すべき好子を出現させ、強化されているということのようです。

†欠乏欲求と存在欲求の区別

マズローの理論は欲求の階層が上にあがるほど抽象的で曖昧になり、解釈が難しくなります。そもそも実験や調査によって実証された理論ではなく、どちらかといえば、マズロー本人の人類に対する理想を理論化したものとも言われています。

最上位の自己実現の欲求は一般人には縁遠いレベルだそうで、これを達成しているとマズローが判断した人たちの特性が記述されています。その中には「自分や他者を受容する」とか「創造性」など、なるほどと思うものもありますが、「神秘的な体験」や「民主主義的な性格」など、文化的、思想的な偏りが見られるものもあります。

マズローの理論については批判も多く、現代ではそのまま受け入れられているわけではありませんが、いくつかの貴重な示唆も得られます。動機づけ理論に発達段階の視点を組み込んだという点もその一つですし、「欠乏欲求」と「存在欲求」を区別したこともその一つです。

欠乏欲求は何かが欠乏しているときに、それを充足することが動機になるものです。水分の遮断化によって水が好子になるのは、水の摂取によって飽和化するまでです。会社に解雇されないようにすることだけが動機になっていると、解雇されない最低限の仕事をするだけで終わるかもしれません。テニスサークルへの所属だけが動機づけになっていると、サークル内での友人関係の深化やテニスの上達までには至らないかもしれません。充足すれば動機は希薄になるからです。

存在欲求は何も欠乏していなくても、そのことだけが動機づけになるようなものです。マズローの考えとは異なるかもしれませんが、行動分析学から解釈するなら、たとえば、今まで飲んだ水とは異なる味わいが好子として機能し、色々なミネラルウォーターを試飲するのであれば、好子は水分ではなく新奇性であり、欠乏しません。会社での仕事も、創意工夫によって作業が円滑になったり、顧客が喜んでくれるようになることが好子として機能するなら、そのような働き方を動機づける要因は枯渇しません。サークル内の人間関係も、一人ひとりの友達と話をしたり、一緒に活動するうちにその人の知らなかった一面が見えてくることが好子になったり、テニスの技術の上達が好子になるなら、充足で終わることはありません。

†行動は多重に制御されている

マズローは自己実現の層だけが存在欲求の基準を満たし、偉人のみがそのレベルに達すると考えていました。それ以下の階層は欠乏欲求です。しかし、行動分析学から解釈してみれば、存在欲求的な動機づけ機能をもつ好子や嫌子を習得するのに、偉人である必要はないように思えます。

ピアノを習っている子どもの行動を例に考えてみましょう。ピアノを弾く行動を強化している好子にはどのようなものがあるでしょうか。幼児がおもちゃのピアノで遊ぶように、単純に音が出ることで鍵盤を叩く行動が強化されることもあるでしょう。先生が褒めてくれることが好子になっていることもあれば、友達よりも上手だと言われることが好子になっていることもあるでしょう。先生のお手本や教本通りに弾けることが好子になっていることもあれば、自分の気持ちや曲のイメージがメロディーやリズムとなって聞こえることが好子となっているかもしれません。

好子だけとも限りません。先生から叱られることが嫌子になっていて、ピアノを弾く行動で叱責を回避できることから強化されていることもあれば、発表会が近づいたのに課題曲をマスターしていないことが不安で、不安から逃避することが練習行動を強化していることもあるでしょう。見かけは同じ、「ピアノを弾く」行動でも、人によって状況によっては、制御変数が異なる可能性があるのです。

それに、ピアノを弾く行動を強化している好子や嫌子の行動随伴性は一つではないかもしれません。これを「多重制御」といいます。行動の制御変数が複数あるということです。

†制御変数を知れば、選択肢の幅が広がる

子どもの頃には習い事をしていたのに、大人になったらまったくやらなくなってしまったという話はよく聞きます。

ピアノでも、習字でも、スポーツでも、先生から叱られることを回避する機能しか持たなかった練習（行動）は、叱ってくれる先生がいなくなればやらなく（自発されなく）なります。逆も同じです。先生から褒められる機能しか持たなかった行動は、褒めてくれる先生がいなくなれば自発されなくなります。

制御変数が異なれば、それは同じ行動ではありませんから、これは不思議なことではありません。

行動分析学からの自己理解は、自分の行動を強化したり、弱化している好子や嫌子を知ることから始まります。そして次のステップとして、それ以外の好子や嫌子で自分の行動が制御される可能性について考えてみます。

上司の叱責が嫌子で、いつも叱られないように仕事をしている人が、お客さんの喜ぶ顔が好子となり、そのように仕事をするようになったらどうでしょう。仕事にやりがいが出てきそう

ではないですか。もしそうなら、その人の行動が、そう制御される（お客さんを喜ばせられる）環境を考えてみる。これが行動分析学による自己実現への道筋となります。

自分の行動の制御変数を知ると知らないとでは、選択の幅が大きく異なります。広がった選択肢から一つを選び、これまでやってこなかったことを試してみて、それがうまくいけば幸せにつながるかもしれません。うまくいかなくても、自分をさらに知る機会になります。それまで選んでいた選択肢を変えずにそのままにする、あるいは選択しないと決めたとしても、自分で選択の幅を知っていることが幸せ感につながる可能性があります。

人生はなかなか思い通りにはならないものですが、少なくとも、どんなときに、なぜ思い通りにならないのかがわかるようになるからです。

†確立操作と弁別刺激

行動随伴性は「先行事象（〜のとき）」「行動（〜したら）」「後続事象（〜になる）」という関係性として記述します。

「先行事象」には大きく分けて「確立操作」と「弁別刺激」があります。

たとえば、先述のように水や食べ物に対する遮断化と飽和化は先行事象であり、生得性の確立操作です。

弁別刺激は、その刺激が提示されているときの方が提示されていないときよりも後続事象の出現率が高くなる刺激です。たとえば、自動販売機が点灯しているときにお金を入れてドリンクを選べばその商品が出てきますが（強化）、点灯していないときにはお金を入れても商品は出てきません（消去）。この随伴性によって、点灯しているときにはお金を入れる行動が引き出され、点灯していないときにはお金を入れる行動が引き出されなくなります。つまり、自販機の点灯が弁別刺激として機能し、行動を制御するようになります。

しばらく水分を摂っていないとか、誰かに飲み物を買ってくるように頼まれたといった何らかの確立操作によってドリンクが好子になっているときでも、自販機が点灯していなければドリンクは手に入りません。欲しいのに手に入らない状況です。

一方、自販機が点灯していても、そのような確立操作が機能していないときには、自販機にお金を入れる行動は引き出されません。手に入るのに欲しくはない状況です。

確立操作と弁別刺激の区別は、ときに専門家にとっても難しいところなのですが、確立操作が「それを欲しくさせる」機能を持ち、弁別刺激が「それが入手可能かどうか知らせる」機能をもつと捉えるとわかりやすいかもしれません。

自分の行動について、どのような確立操作がどのような後続事象を好子や嫌子として機能させるか、どのような弁別刺激がどのような行動を引き出すかわかるようになると、自己理解も精緻化します。たとえば、家族旅行中に道路が渋滞して動けなくなると（確立操作）、相手が嫌な顔になることが好子になり、相手を嫌な顔にさせるような言葉遣いになる傾向がある（行動）とわかっていれば、奥さんにそのことを伝えておくことで機嫌を損ねなくて済むかもしれません。渋滞中にお気に入りの音楽やラジオを聴いて好子を出現させ、攻撃行動の頻度を下げるといった予防策も考えられます。カーナビの「この先渋滞しています」という案内を弁別刺激として、サービスエリアで休むとか、運転を交代するようにあらかじめ約束事を決めておくのも手かもしれません（ルール支配行動）。

†後続事象による行動随伴性の分類

ある行動が増える（強化）か、減る（弱化）か。その理由となる行動随伴性を分類してみましょう。

随伴性には「基本型」と「阻止型」の二つがあり、それぞれ四種類ずつ、計八種類に分類できます。後続事象となる好子または嫌子は何か、環境変化の仕方（出現か消失か、出現阻止か消失阻止か）、行動変化の方向（増加か減少か）を考えます。

表2－1と表2－2をご覧いただくとわかりやすいと思います。（　）の中の矢印は、その随伴性で行動の頻度が増える（↑、強化される）か、減る（↓、弱化される）かを示します。

基本型（表2－1）は以下の二つの条件を組み合わせた四種類です。
①行動によって変化するのは、好子か嫌子か
②その好子もしくは嫌子が、出現するか、消失するか
一方、阻止型（表2－2）は、好子や嫌子が行動とは関係なく出現したり消失したりしているときに、行動することで、その出現や消失が一時的に中断される随伴性です。以下の二つの条件の組み合わせによる四種類です。
①行動によって変化するのは、好子か嫌子か
②その好子もしくは嫌子が、出現するのを阻止するか、消失するのを阻止するか

†行動随伴性と「消去」「復帰」

じぶん実験の対象となることがある随伴性の例を以下に書きだしました。それぞれ表2－1、表2－2と対応させています。
①好子出現による強化
「やめられないとまらない」の例：スナック菓子を［食べる］（行動）と、しょっぱさやパリパリという［食感がして］（好子出現）、また食べる。
②好子消失による弱化

表２－１　行動随伴性の基本型

	好子が	嫌子が
出現する	①好子出現による強化（↑）	③嫌子出現による弱化（↓）
消失する	②好子消失による弱化（↓）	④嫌子消失による強化（↑）

表２－２　行動随伴性の阻止型

	好子が	嫌子が
出現するのを阻止する	⑤好子出現阻止による弱化（↓）	⑦嫌子出現阻止による強化（↑）
消失するのを阻止する	⑥好子消失阻止による強化（↑）	⑧嫌子消失阻止による弱化（↓）

「忙しくてできない」の例：資格試験の勉強をする（行動）と、その時間、趣味のギターやドラマを観る時間が奪われて（好子消失）、勉強しなくなる。

③嫌子出現による弱化

「辛くてできない」の例：公園をジョギングした（行動）ら、膝が痛くなった（嫌子出現）。膝が治ってもジョギングしなかった。

④嫌子消失による強化

「ついついしてしまう」の例：部屋が片付いていないと妻から小言を言われると怒鳴ってしまう（行動）。一瞬、妻もひるんで小言を言わなくなる（嫌子消失）。次に小言を言われるとまた怒鳴ってしまう。

⑤好子出現阻止による弱化

「気が弱くてできない」の例：好きな女の子と食事中、笑顔で話しかけてくれる彼女に次の恋愛ステップに踏み込む発言をする（行動）と、彼女が話しかけてこなくなる（好子出現阻止）。それでなかなか踏み込んだ話ができない。

⑥好子消失阻止による強化

「いてもたってもいられない」の例：スパイダーマンのフィギュアを集めている。限定商品が発売されるたびに、売り切れないうちに（好子消失阻止）購入しようと、毎回徹夜して店頭に並ぶ（行動）。

⑦嫌子出現阻止による強化

「気が強いのは見せかけ」の例：人から欠点を指摘される前に（嫌子出現阻止）、人の欠点を徹底的に指摘してしまう（行動）。

⑧嫌子消失阻止による弱化

「その一歩が踏みだせない」の例：気難しい上司が仕切る雰囲気の悪い会議。部下も意気消沈しているので会議の進め方について提言しようとするのだが、何か発言する（行動）と、それに対する文句が延々と続いて会議が終わらなくなってしまい（嫌子消失阻止）、次からは発言しなくなってしまう。

八種類の行動随伴性を分けるのは、行動と後続事象との関係性です。そして、この関係性がなくなると、行動の頻度はもとに戻ります。

つまり、好子出現によって強化されていた行動は、同じ行動をしても好子が出現しなくなれば、自発されなくなります。好子が行動とは無関係に出現するようになっても、行動は自発されなくなります。

強化の随伴性によって増加していた行動の頻度が、強化の随伴性がなくなることで減少することを「消去」と呼び、弱化の随伴性によって減少していた行動の頻度が、弱化の随伴性がなくなることで増加することを「復帰」と呼びます。

†意識や知識は必要条件ではない

行動随伴性は行動分析学の中核となる概念なのですが、単純に見えて誤解されることも多い概念です。ここではいくつかのよくある誤解を紹介しながら、自己理解にどのように活用できるかを解説します。

行動随伴性は「先行事象（〜のとき）、行動（〜したら）、後続事象（〜になる）」という環境と行動との関係性ですが、随伴性が行動を制御するのに「〜のとき、〜したら、〜になる」と意識している必要はありません。

冷蔵庫のドアを開けて麦茶を出して飲んでいる人は、「冷蔵庫の取っ手を引いたらドアが開いて麦茶が出せる」と考えながらドアを開けているわけではありません。ドアを開ける行動は、冷蔵庫の中にある食べ物や飲み物に確立操作がかかり、ドアを開けると、そこから食べ物や飲み物を得ることができたという過去の「強化の履歴」があるために引き出されます。

通勤や通学で最寄り駅に向かうときも、通い慣れた道であれば「コンビニのところを右折して、郵便局を通り過ぎて、マクドナルドを左折したら駅に着く」と毎回唱えなくても迷うことはありません。道順を示す手がかりが弁別刺激として、直接、歩行行動を制御しているからです。

そもそも人以外の動物には、人間と同じような言語行動はありません。言語が未習得の赤ちゃんでも同じです。ところが、動物も赤ちゃんもたいへん複雑な学習を言語行動なしにやってのけます。

動物の行動のかなりの部分は行動随伴性によって直接に制御されているのです。

†言語刺激による行動制御

ただし、言語行動を獲得すると、言語刺激を介在した行動の制御も可能になります。

久しぶりに遊びに行った友人宅に新しい冷蔵庫があったとします。見かけは自分のうちの冷蔵庫と変わりません。「麦茶、冷えているからどうぞ」と言われ、冷蔵庫を開けようとしてドアの左側を引きますが開きません。扉をよく見てみると、取っ手がないのに気づきます。「なんだろ、これ。どうやったら開くんだろ？」と自問するかもしれません。何も考えずに、もう一度扉を引っぱってみたり、押してみたりするかもしれません。そのうち、「もしかしたら逆側が開くのかな」と思いながら、扉の右側を引いてみると、あぁ、開きました。「強化」です。麦茶をいただき、しばらくしてお代わりが欲しくなって、冷蔵庫の前に立ち、今度は「そうそう、この冷蔵庫は右側を引くんだ」などとつぶやくかもしれません。そして、右側を引っぱって開け、冷えた麦茶を取り出して、また「強化」です。

手先の動作が十分に発達したサルやチンパンジーが同じ状況におかれれば、ドアのあちこちを引っぱったり、押したり、叩いたりするといった試行錯誤をしながら、遅かれ早かれ、扉の右側を引っぱって中のものを取り出せるかもしれません。

つまり、これは言語行動が介在しなくても乗り越えられる学習課題です。人と人以外の動物とで大差がないということです。大きな違いは、その後に生まれます。

あなたはこの友人宅に息子を連れてきていました。会話に夢中になり、喉が乾き、三杯めは息子に取りに行かせます。あなたが息子に何も伝えなければ、息子も試行錯誤することになりますが、「ここの冷蔵庫はドアの右側を引くんだぞ」と伝えることもできます。後者を選んだ場合、息子は試行錯誤することなく、最初から冷蔵庫のドアを開けることができるでしょう。この場合、息子のドアをあける行動を制御しているのは、随伴性ではなく、あなたからの「教示」という形をとった言語刺激です。言語刺激とは言語行動が生み出す刺激のことですが、なかでも、随伴性を記述した言語行動が生み出す刺激を「ルール」と呼んでいます。

言語行動が介在せず、随伴性が直接行動を強化して学習され、維持されている行動を「随伴性形成行動」と言います。これに対して、指示や教示や、マニュアルやガイドブックなどに書かれているルールに従って自発され、維持されている行動を「ルール支配行動」と言います。

進化の過程で、言語行動、そしてルール支配行動という制御方法を獲得したことで、人類は大きな進歩を遂げました。誰かが試行錯誤して見つけたルールが共有され、次の人からは試行錯誤する無駄が省け、危険も回避できるようになったのです。

†強化擬《もどき》と弱化擬《もどき》

随伴性が直接行動を制御するためには、すなわち随伴性形成行動にとっては、後続事象が行動の直後に変化する必要があります。「直後」とは、ほんの数秒のことです。

動物を被験体にした実験では、他に何も刺激がない状況なら、行動から六〇秒くらい経過した後で出現した好子でも、かろうじて行動を強化できるとする報告もあります。

それで、私たちはこれを「六〇秒の原則」と命名し、随伴性形成行動とルール支配行動を区別する手がかりとして使っています（他の著書では六〇秒ルールと表記しましたが、前述のルール支配行動のルールと混同されがちなので、本書では六〇秒の原則と表記します）。

後続事象が、行動から六〇秒以上遅延してから出現したり消失したりしているのなら、その随伴性には行動を直接制御する効果はありません。それでも行動が変容しているなら、ルール支配などそれを制御している他の制御変数を調べる必要があります。

ルールを介して間接的に行動を制御している随伴性を「強化擬《もどき》」や「弱化擬《もどき》」と呼んでいます。

「擬《もどき》」をつけて、強化や弱化と区別するのは制御変数が異なるからです。制御変数が異なれば、行動を変える方法も違ってきます。行動を変えるには制御変数を正しく見定めることが必須なのです。

ルールがあっても行動が制御されなかったり、制御されにくいときもあります。行動経済学者のダニエル・ギルバートは「人間は未来について考える唯一の動物である」としています（『幸せはいつもちょっと先にある——期待と妄想の心理学』早川書房）。言語行動そしてルール支配行動という制御の仕組みがこの違いを作りました。しかしそれも万全ではありません。

やりたいことがなかなかできないとか、やめたいことがなかなかやめられないといった行動問題の背景には、ルールでは制御されにくい随伴性の存在があります。じぶん実験では、これらの随伴性を区別することが、有効な介入（解決策）の立案にとって決め手になることがあります。

†「塵も積もれば山となる型」と「天災は忘れた頃にやってくる型」の随伴性

空き缶をゴミ箱に入れたら五百円もらえるという随伴性を考えてみましょう。机上の思考実験です。

子どもが空き缶一つをゴミ箱に入れた瞬間、チンというチャイムの音と共にゴミ箱の裏から五百円玉が飛び出てきました。子どもが不思議そうな顔でポケットに入れます。正直者のあなたなら警察に届けようと思うかもしれませんが、それはおいておきます。もう一つ投げ入れると、また五百円玉が飛び出てきます。手元にはもう空き缶がありません。子どもはあたりを見回して空き缶を探し始めました。

この子どもの行動は随伴性形成行動です。五百円玉という好子が出現して行動を直接強化しています。五百円玉をおやつに替えたり、五百円玉をビスケットやバナナと交換できるようにすれば、犬でもチンパンジーでも同じような学習が可能です。

時間を遅延してみましょう。

別の子どもが空き缶を一つゴミ箱に入れてから、ちょうど二四時間後に五百円玉がその子どもの頭の上から降ってきます。子どもは喜んで五百円玉をポケットにいれます。果たして、この随伴性はこの子どもの行動を強化するでしょうか？

おそらく無理です。空き缶をゴミ箱に入れる行動は強化できません。犬やチンパンジーでも同じです。随伴性が行動を直接制御するのに、二四時間という遅延は長過ぎるのです。五百円玉が頭の上から降ってくる直前に別の行動をしていれば、それを繰り返してみるかもしれませんが、その行動に随伴性はありませんから、すぐに消去されます。

今度は子どもにルールを伝えます。「このゴミ箱に空き缶を一つ入れると、二四時間後に五百円がもらえるよ」と。子どもは空き缶を探し、せっせとゴミ箱に入れてくれることでしょう。子どものこの行動はルール支配行動です。五百円玉という好子が出現して行動を強化しているようにみえますが、強化擬です。

犬やチンパンジーには残念ながら同じようにしてルールを伝えることができません。空き缶を入れるたびにポーカーチップを一つあげて、貯まったポーカーチップを二四時間後にビスケットやバナナに交換するように教えればできるかもしれません。ただそうなると、行動の直後に出現するポーカーチップが行動を強化していることになりますから、ルール支配行動ではありません。

思考実験を続けましょう。

子どもに新しいルールを伝えます。「このゴミ箱に空き缶を一つ入れるたび、街が少しずつきれいになるよ」。地球温暖化問題に関心がある子どもなら、「このゴミ箱に空き缶を一つ入れるたび、リサイクルされて、CO_2が少しずつ削減されるよ」でかまいません。

この子どもが街や地球をどれだけ愛していても、このルールで行動を制御し続けるのは困難です。空き缶を回収するという行動と、街の美化やCO_2の削減に随伴関係はあります。ルールを伝えれば、もしかして数回は行動が自発されるかもしれません。でも、継続については悲観的です。そうでなければ街中から空き缶が消えてなくなっているはずですから。

やりたいのになかなかできない、わかっているのにやめられない。こうした行動問題の背景には、ルールがあっても行動を制御できない随伴性が潜んでいます。地球温暖化の例は「塵も積もれば山となる型」の随伴性です。

一つひとつの行動の直後には目に見える変化はありません。行動の積み重ねによって最終的に重大な後続事象が発生します。スナック菓子を食べ続けてメタボになるのも同じです。子どもの例でわかるように、こうした随伴性が行動を制御できない理由は六〇秒の原則を破っているからではありません。ルールがあれば遅延は乗り越えられるからです。行動が制御できないのは、塵も積もれば山となる型の随伴性では、ルールに従わないことが十分な嫌子にならないからです。

「自分一人が空き缶をリサイクルしてもなんにもならないよ」、「一口くらいなら食べても問題ないわ」。やりたいことができなかったり、やめたいことがやめられないとき、私たちはそういう言い訳をするものです。こういう言い訳（行動）は、ルールに従わないことによってわずかに生まれる不安や罪悪感のような気持ちを低減することで強化されているのかもしれませんね。

効果のない随伴性にはもう一つ「天災は忘れた頃にやってくる型」があります。

パソコンで仕事をしているときには作成したファイルのバックアップをとることが必須ですが、バックアップをとる行動はなかなか維持されません。パソコンが壊れてファイルを失ってしまう事故が起こる確率が低いからです。最近、スマホを見ながら歩く「ながら歩き」が問題になっています。人にぶつかって迷惑なだけではなく電車のホームから転落するなど危険な行動です。これも事故や怪我といった重大な後続事象が生じるのに、それを記述したルールが行動を制御できない例です。遅延のせいではありません。低確率が原因です。

塵も積もれば山となる型の随伴性も、天災は忘れた頃にやってくる型の随伴性も、必要な行動の先延ばし、先送りを生じさせます。このような場合には、行動を制御できない随伴性を補完する、効果的な随伴性を介入として設定して、ルールに従っていないときに不安や罪悪感を十分に生じさせ（確立操作）、ルールに従う行動をその低減や消失によって強化する必要があるのです。

マズローの欲求の階層を見直すとわかるように、階層が上がればあがるほど、行動を制御しにくい随伴性が関わってきます。人に親切にするなどの対人行動には「塵も積もれば山となる型」が関連しています。人間関係を築くには一度の挨拶や言葉掛けではなく、気配りをずっと続けることが必要だからです。創造性には「天災は忘れた頃にやってくる型」が関連しています。革新的な発想や発明が生まれる確率はとても低いからです。すわなち、人が人らしく生きて、もてる能力を最大限発揮するには、こうした非効果的な随伴性に立ち向かう策が必要になるということです。

マズローの時代には、たまたま運が良かった人が自己実現できたと言えなくもありません。心理学、行動分析学の研究が進み、じぶん実験の方法論が開発された今、誰でも自己実現が可能になる時代がきたと言っても過言ではないのです。

コブクロの二人が唄うように、夢を叶える一番の方法は夢が叶うまで続けることです。このためには「塵も積もれば山となる型」の随伴性に打ち克たなくてはなりませんが、その方法もわかってきていますし、それを自分で見つけられるのがじぶん実験なのです。

†行動分析学についてよくある誤解

好子はご褒美の「飴」で、嫌子は罰の「鞭」。だから行動分析学は「飴と鞭」の学問であると捉える人もいますが、大きな誤解です。

飲み物や食べ物、お金や褒め言葉が好子として機能することが多いのは確かです。暴力や暴言が嫌子として機能することも確かです。行動分析学を学んだ人が、こうした好子や嫌子を使って、行動を変えようとすることもありましょう。

しかし、まず、好子や嫌子として機能する出来事は、飴や鞭だけではありません。暑い日に仕事から帰宅してクーラーのスイッチを入れる行動は冷風で強化されます。部屋が暗いときに照明のスイッチを入れる行動は明るくなることで強化されます。ひどい頭痛が鎮痛薬を飲む行動で和らぐのも強化です。「飴と鞭」と比喩的に理解するのが不自然な好子や嫌子はいくらでも考えつきます。

マズローの欲求の階層説に沿って解説したように、食べ物とか痛みのような生得性の好子や嫌子は、行動を制御する刺激や出来事のほんの一部でしかありません。人から認められること、愛されること、勝負で勝つこと負けること、新しい発見や完璧さ、差別や偏見などの社会文化的な価値と関係する出来事も、好子や嫌子として作用します。

好子や嫌子は「好きなことや嫌いなこと」でもありません。好き嫌いで定義するのではなく、行動の直後に出現したときに、その行動の将来の頻度を上げるか下げるかで定義します。好子や嫌子は「物」ではなく、行動に対する「機能」なのです。

行動分析学は行動の制御変数を見つける学問ですから、他の心理学よりも行動を変えるための技術開発に長けています。それを専門とする応用行動分析学という一領域まであるくらいです。その一方で、基礎研究をすることで行動の諸法則の発見に邁進する実験的行動分析学や、実証研究が技術的に難しいテーマを行動の諸法則で推論する理論的行動分析学もあります。行動分析学の専門家すべてが誰かの行動を変えようとしているわけではありません。

誰かが誰かの行動を変えようとしていない場面でも、随伴性による制御は作用しています。クーラーや照明のスイッチを入れる行動や鎮痛薬を飲む行動はそのほんの一例です。私たちの行動は、そこに私たちの行動を制御しようとしている誰かがいる・いないにかかわらず、自然に制御されているのです。

さらに、そこに誰かがいて、その人の行動が制御変数の一部になっていたとしても、それが「飴と鞭」とは限りません。

赤ちゃんが視線を合わせてくると誰でも微笑んでしまうものですが、この微笑み返しは赤ちゃんが他者を見る行動を強化します。これを、大人が自らの微笑みを「飴」として使って赤ちゃんに視線合わせを教えたという人はいないでしょう。サッカーのテレビ中継を一緒に観ていた友達が「本田のパス、鋭すぎるよなぁ」と言い、もう一人の友達が「ほんと、やばいくらい」と言ったとしましょう。こうしたやりとりによって観戦中の発言頻度が増えたとしても、これを「飴」による操作と表現する人はやはり少ないはずです。

「飴と鞭」という比喩があてはまるのは、行動分析学がやっていること、できることのほんの一部です。行動の諸法則は、物理学の諸法則と同じで、行動の自然な営みを学者が体系づけて整理したものです。重力や遠心力がそうであるように、行動も諸法則も、学者が見つけるはるか前から存在し、私たちの行動を私たちが知らないうちに制御していたのです。

行動分析学は目に見える行動を表層的にしか扱わない心理学であると批判する人もいますが、これも誤解です。確かに本書で取り上げている標的行動のほとんどは目に見える行動ですが、行動分析学が関心をもって探求するのは、行動そのものではありません。随伴性という、行動と環境との関係性、そしてそれが行動にもたらす影響です。

サン＝テグジュペリが『星の王子さま』で語るように、大切なものは目に見えません。行動には目に見えるものもありますし、目に見えないものもありますが、大切なのはその機能です。機能はそのままでは目には見えません。そのために随伴性ダイアグラムを描いて制御変数を推定したり、環境を変えてそれが行動に及ぼす影響をグラフにして視覚化するのです。

行動分析学、そしてじぶん実験は、環境と行動の関係性という目に見えない大切なことを、目に見えるようにする方法論であるとも言えます。

大きなビルを建てたり、宇宙ロケットで大気圏を突破しようとしたら、重力や遠心力の法則を駆使するように、行動問題を解決したり目標を達成するために、行動の諸法則を駆使して自分の行動の機能を探りながら変えてみましょう。それがじぶん実験です。

第三章　じぶん実験レポート――他人のじぶん実験に学ぶ

†じぶん実験の流れを読みとる

第三章では、私の授業でじぶん実験を行った二人の学生の事例をご紹介します。それぞれが自分のテーマを決め、行動分析学について学びながら、じぶん実験に取り組んだ物語です。じぶん実験とは何か。それを直感的に理解していただけると思います。

まえがきで書いたので、まずこの章から読み始める読者もいらっしゃると思います。専門用語は読み飛ばしていただいても構いませんが、簡単な解説を76～77頁に付しましたので、参考にしてください。

ルール支配行動である

六〇秒の原則……65頁。行動から六〇秒以上遅れて出現／消失する好子や嫌子は行動を強化／弱化しない。随伴性形成行動とルール支配行動による強化擬、弱化擬などを区別する手がかりになる

死人テスト……41頁。標的行動が適切に定義できているかどうかを判断する方法。行動分析学が対象とする行動とは、死人にはできないこと。そのため、お酒を控える、悪口を言わないなどは、標的行動としては「不適切」となる

ABC分析……44頁。行動と環境変化との関係を、先行事象（Antecedents）、行動（Behavior）、後続事象（Consequences）に切り分けて、行動を制御する随伴性を書き出すこと

確立操作……47頁。ある出来事の好子や嫌子としての効果を増減させる先行事象。しばらく水を飲んでいなかったので（確立操作）水を要求する（行動）など、それを欲しくさせる機能を持つもの

弁別（べんべつ）刺激……56頁。その刺激が提示されているときの方が、提示されていないときよりも後続事象の出現率が高くなる先行事象。それが入手可能かどうか知らせる機能を持つもの

循環論……34頁。説明しようとする対象を説明の根拠としてしまう過ち。たとえば、スポーツ大会で活躍するのは球技の才能があるから、カラオケで音程をはずすのは音痴だから、いつも笑顔なのは陽気だからなど

塵も積もれば山となる型の随伴性……69頁。一度や二度では目に見える変化が現れず、行動の積み重ねによってはじめて好子や嫌子が現れる随伴性は、それを記述したルールがあっても行動が制御されにくい

天災は忘れた頃にやってくる型の随伴性……70頁。好子や嫌子が現れる確率が低い随伴性は、それを記述したルールがあっても行動が制御されにくい

じぶん実験の用語

随伴性（ずいはんせい）……44頁（本書の頁数。以下同じ）。何か行動をした直後に環境が変化すると、その変化のためにその行動が将来繰り返されたり、繰り返されなくなることがあるが、そのような行動と環境変化の関係を「行動随伴性」という

自発（じはつ）する……49、54頁など。本書では行動が起こること

好子（こうし）……45頁。何か行動をした直後に出現すると、その行動の自発頻度を高める出来事や条件

嫌子（けんし）……45頁。何か行動をした直後に出現すると、その行動の自発頻度を低める出来事や条件

標的行動……104頁。変えようとしている行動

制御変数……36、53頁。行動を増やしたり減らしたりする要因。複数あれば「多重制御」

強化の随伴性……46頁。行動の頻度を増やす随伴性

弱化の随伴性……48頁。行動の頻度を減らす随伴性

消去……61、62頁。強化の随伴性がなくなることで行動が減少すること

復帰……62頁。弱化の随伴性がなくなることで行動が増加すること

介入……82頁。行動を変えるための解決策

ルール……64、65頁。行動随伴性を記述した言語刺激のこと

ルール支配行動……65頁。指示や教示などのルールに従って自発され、維持されている行動

随伴性形成行動……64、65頁。ルールを介在せずに、随伴性により直接制御されている行動

擬（もどき）……66頁。随伴性によって直接強化されたようにみえる「強化擬」と、弱化されたようにみえる「弱化擬」がある。そのようにみえるけれど、強化・弱化されたわけではなく、

じぶん実験は、学者が論文を書くためにするような、多くの人にとっては他人事の研究ではありません。いくつかのことをしっかり学べば誰にでもできる研究です。しかも実験する本人に最も意味のある研究です。それだけに、他人のじぶん実験は、自分にとってはまさに他人事と思われかねません。ダイエットに関心がない人は、間食を減らすことをテーマにしたじぶん実験には興味が持ちにくいかもしれませんし、社会人にとって学生が行ったじぶん実験は役に立たなそうに思えるかもしれません。

ところがそれは落とし穴です。対象とする標的行動の決め方や測定方法、増やしたい行動が増えない、減らしたい行動が減らない原因の推定法、行動問題を解決し、目標を達成するための介入を計画する方法やその効果を評価する手続き等々。他人のじぶん実験から学べることは山ほどあるのです。

これは自分とは関係ないと切り捨てる前に、自分の行動にどのようにあてはめられるか考えながらお読みください。

†片付けられる女子になる

私はいまだかつて彼氏を部屋に呼んだことがない。

デートは外出か彼氏のアパート。お父さんが厳しいからと彼氏には言い訳しているけど、それは嘘。パパは私を甘やかし過ぎで、いつもママから怒られている。ママから怒られているのは私も同じ。玄関には靴が何足も出しっぱなしだし、脱いだ服はそのまま床の上。部屋の中は、洋服やファッション雑誌、食べかけのポテチや飲みかけのペットボトル、アクセサリーや化粧品のサンプルなんかで床がみえない。ママも部屋の中についてはもう諦めたみたいで、何も言わなくなった。昔は全部片付けてくれてたんだけど。

テレビ番組で「片付けられない女」の特集をみて、ハッとした。これって私のことかも。ADHD（注意欠陥・多動性障害）という障害があるんだって。発達障害って子どもだけじゃないいんだ。ネットで検索して見つけた、診断のためのチェックリストをこっそりやってみたら、どうやら障害があるってところまではいってないみたいで少し安心した。

でも、このままじゃいけないと思い立ち、大学の「行動分析学」って授業で、片付けられる女子になるためのプロジェクトをすることにしました。

初めに「片付ける」を課題分析しなさいって先生に言われた。「片付ける」は「片付ける」でしょ、これ以上何をどう分析するのよ？　って感じだったけど、先生に「洗濯する服としない服では片付け先が違うよね？」とか「雑誌や化粧品も置き場所が違うし、捨てるものと捨てないものでも行き先が違うはずだよ」と言われ、なんとなく納得した。確かに、片付けるといっても色々ある。

ビデオクリップ法を使って、増やしたい行動をしているところを頭の中で思い浮かべてと言われても最初は戸惑った。だって、今までやったことがない行動を、どうやって思い浮かべればいいっていうのよ。

そしたら先生に、自分が片付けている様子を思い浮かべるのが難しければ、家族でも、友達でも、ドラマや映画の中のワンシーンでもいいから、似たような状況で片付けをしている人を思い浮かべるようにって言われた。それも難しいようなら、片付け上手な友達を呼んで部屋を片付けてもらい、その様子を観察してみるといいよとも言われた。

友達を呼ぶのは恥ずかしいから、ママが部屋を片付けている様子を想像してみることにした。ママは私と違って整理整頓が得意で大好き。松居一代サンみたいでわたし的にはちょっとウザいんだけど、この方法はうまくいった。

それに、やってみるとよくわかった。脱いだ服で洗濯するものは一階の洗面所まで持って行かなくちゃならないけど、ジャケットなんかはハンガーにかけてクローゼットにしまわなくちゃならない。雑誌や化粧品は、読んだりメイクアップに使った後に、もとの場所に戻すことになるわけだけど、空想の中のママも途方に暮れていた。だって、本棚やドレッサーには物が一杯で、雑誌や化粧品を戻す場所がそもそもないんだから。

片付ける行動には色々あって、それができない理由はそれぞれ違うんだ。

そうこうしているうちにベースライン（第四章参照）を測ることになった。これも最初はぴんとこなかった言葉の一つ。なにそれ、野球？　って感じ。増やしたい行動がどのくらい行われているかを測るんだって。現状を正確に把握するためらしい。

標的行動の頻度を測定するってことだけど、色々な片付けを毎日数えるの？　大変すぎない？　ポテチの袋をゴミ箱に入れたら「一」でペットボトルをゴミ箱に入れたら「二」ってこと？　でもそうやってゴミがなくなったら捨てるものがなくなっちゃうから、標的行動は増えるってより、減っちゃわない？　脱いだ服を洗面所に持って行くのだって、下着やTシャツをいっぺんに持って行ったらいくつって数えるの？　一回だから「一」？　三着持って行ったら一回でも「三」？

この授業は受講生が七〇人くらいいるんだけど、それを一チーム五、六人のチームにわけて、やたらと演習をやらされるの。それで、チームの演習でそんなとごちゃごちゃ言ってたら、同じチームの男の子（ごめん、名前忘れちゃった）から、行動を測るんじゃなくて、所産を測ってみたらどうかと言われた。所産は行動の後に残るモノのことなんだって。

その男の子は携帯に届いたメールに返信するのを標的行動にしてるらしい。それで、メッセージを打ち込んだり、送信したりする行動をその都度数えるんじゃなくて、一日の終わりに携帯の履歴画面をみて、送信済みのメール件数を数えるんだって。賢いじゃない。

私も所産を測定することにして、ひとひねりもしてみた。ゴミ箱に捨てられたゴミの数や洗面所に運んだ服の数じゃなく、部屋に散らかっている服の数を数えることにしたの。ただ、ベッドの上や机やドレッサー、本棚は除くことにした。ゴミも今回は除外。数えるのもけっこう手間と時間がかかるから、測定する行動が持続されるように、できるだけ簡単にしておいた方がいいっていう先生の話を参考にしたの。

それでも最初はたいへんだった。数えたら二五着もあったわ。

この数字には愕然とした。あまりに愕然としてさっそく片付けたくなったけど、最初はベースラインを測るだけで、片付ける行動を増やすための解決策（専門的には「介入」って言うらしい）は導入しないようにって言われていたから、ストレス感じながら、毎日数えてた。

そしたらベースラインってのは「何もしないように」っていうことではなくて、普段通りにしている状態を測定することだから、片付けたくなったら片付けていいですよって先生から言われた。勘違いしてたわ。そういうの、先に言って欲しい。

その日の授業の後、さっそく家に帰って片付けた。ゴミは全部捨てたし、洗濯物も洗面所に持って行った。それで一挙に六着まで減った。なんだ楽勝じゃない。っていうかこれじゃやプロジェクトにならないじゃないって、そのときにはそう思った。

図3－1　片付け行動のベースライン

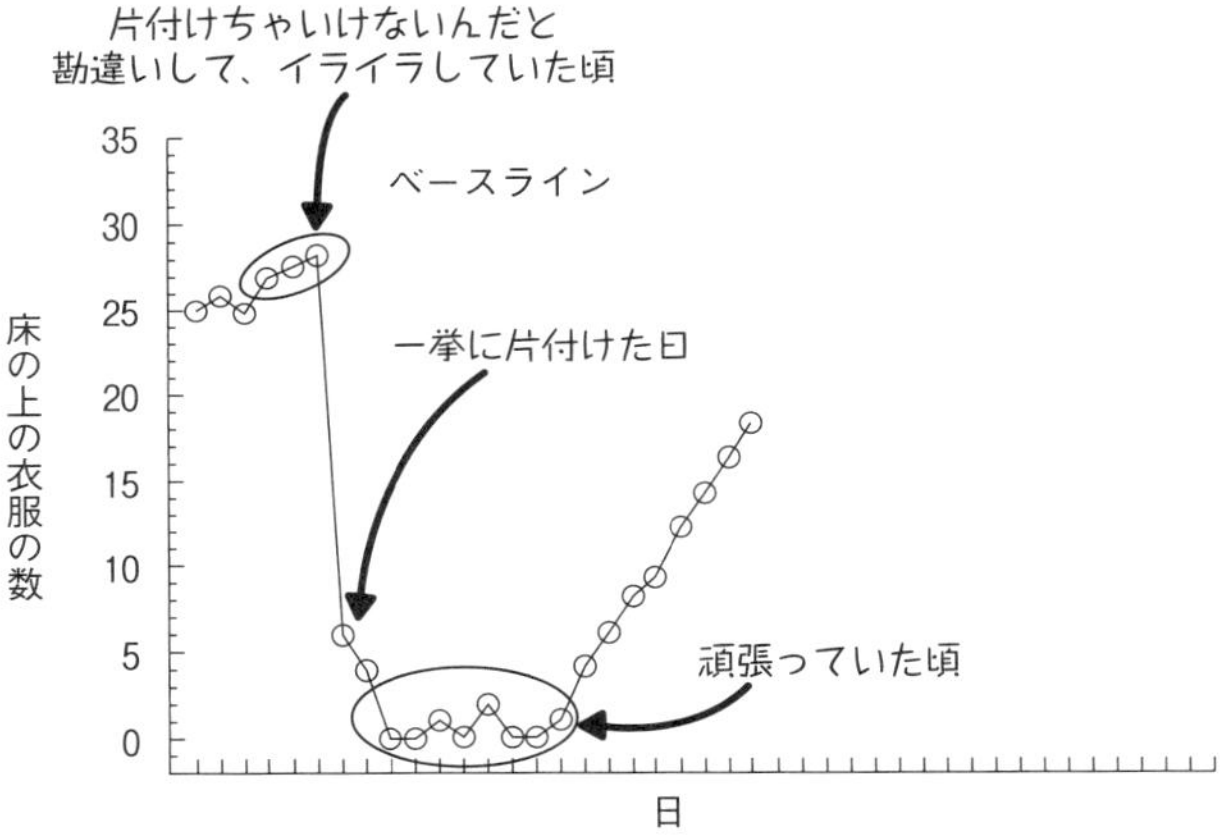

ところが頑張って片付けできたのはそれから一〇日間くらい。三日坊主よりはマシだったけど、サークルで帰りが遅くなって疲れたときには明日でいいやって放置しちゃうし、挙げ句の果てに、床に落ちてなければ大丈夫だからと、ベッドに服を乗せようとしている自分にはさすがにひいた。授業で先生が「自覚とか意識改革なんかは効果が長続きしないよ」って言ってたけど、ホントね。

床の上の服の数は、毎朝数えて記録用紙に書き込んでいたんだけど、それを折れ線グラフにした（図3－1）。先生は手描きでいいよと言ってくれたけど、せっかくだから情報の授業で勉強したエクセルを使ってみた。そのぶん時間がかかっちゃったけど。

グラフを作ってみたら、自分の行動がよくわかった。事実は隠せないと、つくづく思ったわ。授業では、次に、ベースラインの記録やグラフ、観察していて気づいたことなんかをもとに、なぜ標的行動が自発されないのか、その原因を推定することになった。ＡＢＣ分析といって、標的行動が行われる前の出来事と、行われた後の出来事を書き出していって、行動に影響しそうな要因を推理するの。

私にとっては、記録をつけながら気づいたことを確認する作業になった。

たとえば、洗濯物。私は帰宅したら、自分の部屋ですぐに部屋着に着替えて、そのままベッドの上でしばらくぼうっとする。

ここで望ましい標的行動は、脱いだ服を洗濯機があるお風呂場にすぐに持って行くこと。だけど、この行動をすると、行動の直後にぼうっとできなくなる。標的行動はこのぼうっとした時間を奪うことになるので弱化される。お風呂場に行かなくなるってことね。

お風呂に入るのは夕食の後で、一階のリビングからお風呂場に直行することも多いんだけど、その場合、二階に上がって脱いだ服を持ってくるのは面倒で、これも弱化される要因の一つ。それに、脱いだ服をお風呂場に持って行こうにも、脱ぎ散らかした服のうち、どれを持って行けばいいのかわからないようになっちゃうの。これは弁別刺激が不明瞭ということらしいわ。

部屋に足の踏み場もなくなることは、私にとっても嫌子みたい。だからこそ、いっぺんに片付ける行動ができた。だけど、脱いだ服をそのたびに片付けていれば、そんな状況にならなくて済む。つまり嫌子が出てこないように避けられるわけだから、この行動は強化されるはず。説明がつかない気がしたので、先生に質問した。

「先生、部屋中、足の置場もない状況というのは、私には嫌子だと思うんです」

「どうしてそう考えるのかな?」

「いつもは片付いていないですけど、年に数回はえいっと片付けることがあります。ベースラインでも同じことが起こりました。片付いていない部屋が片付いた部屋になることで、行動が強化されていると思います。それに、部屋が片付いているとスッキリした気持ちにもなります」

「いいね。部屋が片付いているときとそうでないときに、他に何か行動の違いはないかな?」

(少し考えてから)「部屋にいる時間が長くなるような気がします」

「素晴らしい! 他には?」

(もう少し考えてから)「思いつきません」

「仮定法を使ってみよう」

「英語は苦手です」

「英語っぽいけど、英語じゃないよ。非現実的なことでもいいから、仮に状況がこうなら(IF)、こんな行動をするのに(THEN)と、想像してみるんだ」

「……」

「よし、一つ見本を示すね。もし、とても裕福な家庭で、家政婦さんがいて、一言頼めばすぐに部屋を片付けてくれるとしたら？」

「片付けて、って頼んじゃうと思います」

「つまり、家政婦さんにお願いする行動が、部屋が片付くことで強化されるってことになる」

「そういうことですか。なるほど。それなら、私も思いつきます。もし、ドラえもんがいたらとか、もし魔法が使えたらとか」

「そうそう、その調子。ある出来事が自分の行動に影響するかどうか、つまり好子や嫌子として機能するかどうか、その判断が難しくなったら仮定法を使うといいよ」

「はい。ありがとうございます、先生。でも、私が聞きたかったのは、そこじゃないんです」

「ん？」

「部屋に足の踏み場もない状況が嫌子だとしたら、そういう状況にならないように、片付ける行動が毎日自発されないとおかしくないですか？」

「そこかぁ。ふむふむ。それもいい質問だ」

「どうして片付け行動は、物が片付くことで強化されないのでしょうか？」

「答えは、君が描いた行動随伴性ダイアグラム（描き方は第四章参照）にありそうだ。それにベースラインのデータにもね。一緒にグラフを視てみよう。折れ線が急降下したところ、この日に片付けたんだね」

「そうです」

「一挙に片付けをした前と後とではグラフの傾きが違うね」

「そうなんです。その前は勘違いしていて、わざと片付けないようにしていたんです」

「この傾斜が再び急になったところは？」

「部屋が片付いて、最初は頑張っていたんですが、そのうちもとに戻ってしまいました」

「そうか。それなら、一挙に片付けた直後と、そのしばらく後の傾きを比べた方が公平というか、正確だね。ところで、折れ線の傾きが違うということは？」

「片付ける行動の頻度が違うということです」

「ご名答！　この図からは、一挙に片付けた後は、その日に着替えた服だけじゃなくて、まだ床に残っていた服を片付ける行動まで自発されていたことがわかる。数が減っているからね。でも、その後、服の数は一回も減っていないから、おそらくはまったく片付けていなかった、ということだね」

「そうです」（恥ずかしいわ）

「一挙に片付けた直後としばらくした後とでは行動随伴性が違うんじゃないかな？」

「どちらも、行動は服をお風呂場に運んだり、クローゼットに戻すことだし、後続事象は片付くことなのにですか？」

「ビデオクリップ法を使って思い浮かべてごらん。ジャケットを床から持ち上げてクローゼットにしまう直前と直後の床の様子に焦点をあてて。一挙に片付けた後と、普段とでは何が違う？」

（苦手なのよね、それ）「……あ、わかりました。一挙に片付けた後だと、ジャケットを一つ片付けたら部屋は片付いたままですが、普段の状況だと、ジャケットを一つ片付けても部屋は片付いていないままです」

「その通り！　片方は強化だが、片方は消去に限りなく近いね。片付ける行動をしても片付かないんだから。行動しても環境が変わらないと、行動は生じなくなる。一度の行動では環境に大きな変化がなくて、行動を積み重ねることでようやく環境が目に見えて変化するという意味では、塵も積もれば山となる型だとも言える」

「見かけは同じ行動なのに、行動随伴性は違っていて、だから行動の頻度も異なるということですね」

「そう。まだ推定の段階だけど、そう考えればデータとの辻褄もあう。行動随伴性ダイアグラムも見直してね」

図3－2　なぜ片付けられないのか：現状のABC分析

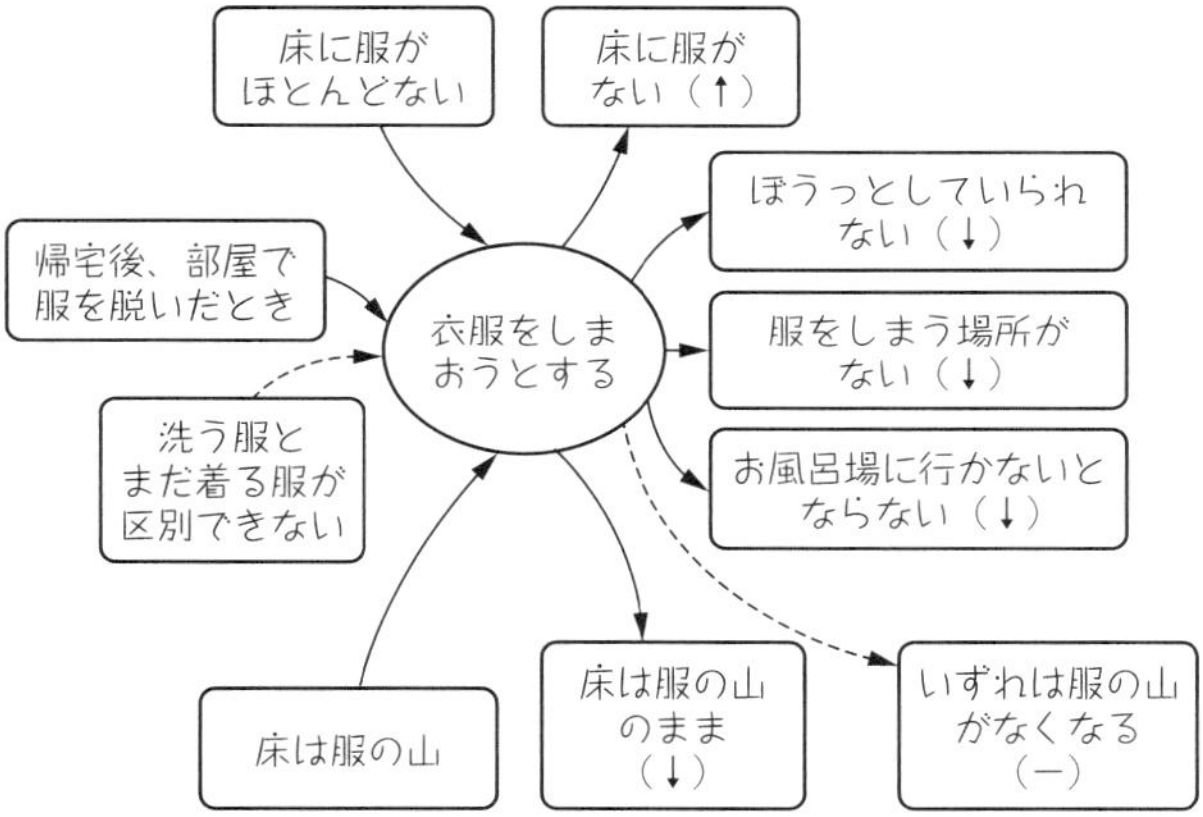

先生との話し合いを活かして、行動随伴性ダイアグラムを描き直してみた。

脱いだジャケットをクローゼットのハンガーにかけたり、Tシャツをお風呂場に持って行ったり、ベルトを引き出しに入れようとしたりする……。色々な行動を、「衣服をしまおうとする」にしてみた。最初は「衣服をしまう」にしていたのだけれど、ベルトを入れようと引き出しを開けたら中がいっぱいで入らず、だから引き出しの横にぽいっと投げちゃうときもあるから、しまい切る寸前までの行動という意味。

お風呂場に行かなくてはならないとか、ベッドに腰掛けてぼうっとしていられないとかは弱化の随伴性で行動を減らす。服をしまう場所がないのは服がしまえないから消去、床や椅子は服の山の状態で、服を一つ片付けても床や椅子は服の山のままというのも消去。何着もしまい続ければいずれは服の山がなくなるというのは塵も積もれば山となるので効果なし。

こうやってみると、服が片付けられないのも、妙に納得してしまう。行動を減らす要因が多すぎるもの。「原因は複数ある」って先生が言ってたけど、それもようやくぴんときた。

一挙に片付けられたときには「やっぱり気の持ち方次第だわ」と思ったし、その後、どんどんと服が増えていってしまったときには「自覚が足りない」って思ってたけど、行動随伴性を描いてみると、片付けしない原因を気持ちや自覚に求めるのが見当違いだってこともなんとなくわかった。まだ納得してはいないけどね。

そして、いよいよ介入を考えることになった。

介入って、何だか国際紛争みたいな言葉だけど、解決策のことなのね。介入を考えるときには、増やしたい行動が増えない原因と解決策とを対応させることが大事らしい。

私の場合、まずは、服をしまう場所がないから消去されてしまうってところを解決するために、片付ける場所を確保することにした。

クローゼットの中を整理してずっと着てない服は捨てることにしたの。この作業には、収納のカリスマさんが書いたベストセラーを参考にしたわ。これでクローゼットや引き出しに隙間ができて、衣服の出し入れが簡単にできるようになった。衣服をしまおうとすれば、衣服がしまえることで強化されるようになるはず。

次に、バスケットを二つ買ってきた。オフホワイトのバスケットには洗濯物、ピンクのバスケットには、明日も使うからクローゼットには戻さない物を入れておくことにする。

服を脱いだら必ずどっちかに入れることにした。そして、バスケットに入っていれば、それは片付いているとみなすことにしたの。洗濯物はたまったときに、一度に運ぶことにした。毎回、お風呂場に行かないといけないという弱化をこれで中止する。

ベースラインのデータと随伴性ダイアグラムから、衣服が片付いているときには床や椅子に服がなくなることで片付けが強化されることがわかっていたから、日曜日に頑張って、一挙に部屋を片付けてから介入を始めることにした。

結果は上々。時々、シャツやタオルを片付け忘れることがあったけど、翌日にはしまえるようになったし、ピンクのバスケットから服をクローゼットに戻すこともできるようになった。グラフを更新するのも楽しくなった。部屋に散らかっている服がほとんどなくなったから数えるのも楽になったしね（図3－3）。

結局、授業が終わる七月末まで部屋はきれいなまま。パパからはすごく褒められたし、ご褒美に新しい靴を買ってもらっちゃった。ママは半信半疑みたいで、いつまで続くかしらなんて言ってます。そんなママを見返そうと、次は本棚やドレッサーまわりを整理して、まだ散らか

図3－3　片付け行動の変容

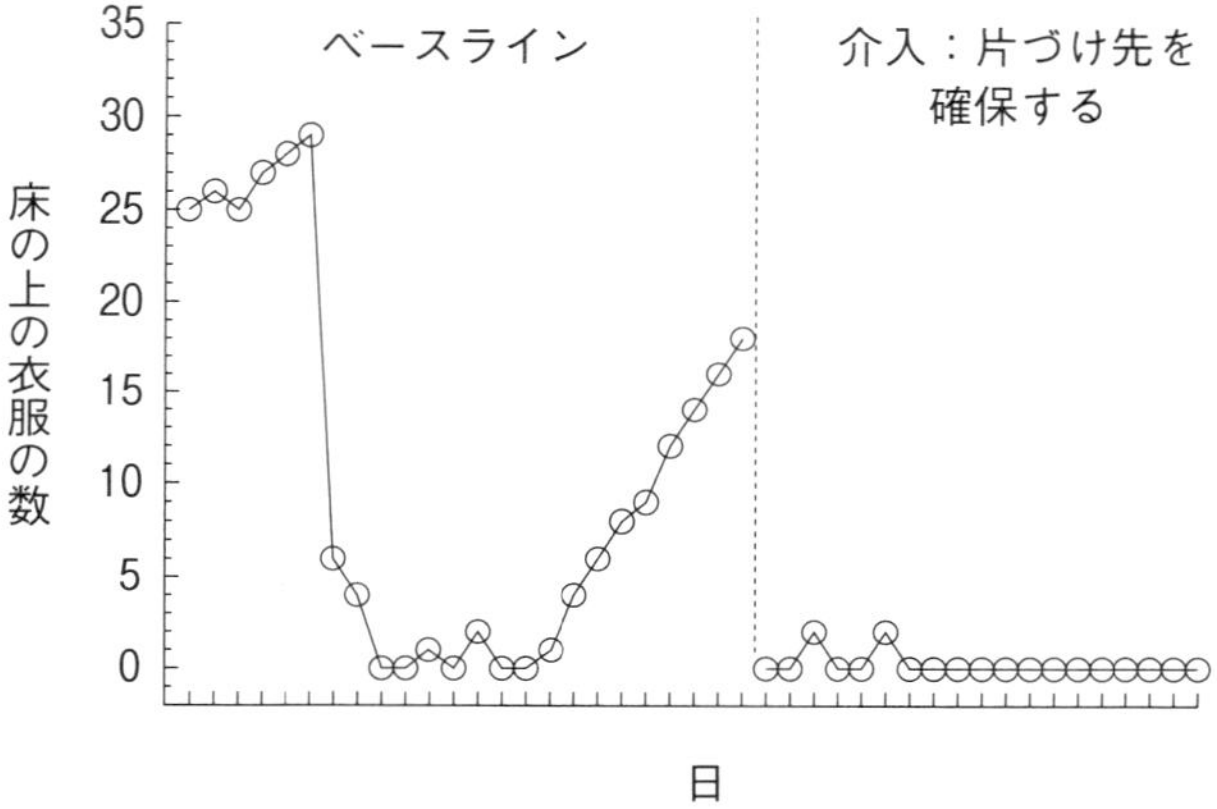

っている本や雑誌、化粧品を片付けるつもりです。

部屋が散らかっているのは私の性格のせいで、それはもう、どうにもならないことだと思っていたけど、今回のじぶん実験から、片付ける行動ができないのには他に原因があること、一つひとつの原因に対処していけば、行動が変わってくることを実感しました。

片付いた部屋は居心地が良く、ぼうっとする時間も増えたかも。自分が、実はきれい好きだったことがわかったのも、意外で、嬉しい発見でした。

†目指せ細マッチョ

幸せを見つけるためのじぶん実験って言われてもな。不幸せなら得意だけど。サークルとバイトで毎日忙しく、基本、眠くてだるい。授業はつまらない。友達は男ばっかり。同じクラスでゼミも一緒の北川さんのことが気になってるけど、声かける勇気もない。

別に性格が暗いってわけじゃない。ごくごくフツー。いや、もしかしたらフツー過ぎるかも。友達も似たり寄ったりだしな。こんな俺だから、授業で実験なんかやらされるのは超迷惑な話だった。面倒だし、だるいってのが第一印象。テーマ決めるのにも時間がかかった。

「解決したい問題は?」っていうから、「眠い」って書いたら、先生から「毎日何時間くらい寝てるんだい?」って聞かれた。考えたこともなかったんで記録を取ってみることにした。そしたら、俺ってけっこう規則的で、夜一時までには寝てるし、朝は八時過ぎに起きていて、だいたい七時間寝てることがわかった。んで、やり直し。

先生に「だるいって言ってるのは、つまらないってことです」って言ったら、「なるほど」と納得された(少しイラッとした)。で、すぐに「じゃあ、ワクワクするようなことを考えてみてよ。もしこんなふうになったら毎日が楽しくてしょうがないって思えることはあるかな?」と質問された。仮定法の一種らしい。

ワクワク? 一瞬、北川さんの顔が浮かんで消えた。赤面していないか気になった。

妄想が始まった。夏休みに北川さんと海に行く。花火をみる。手をつなぐ。見つめ合う。授業中だというのに妄想に火がついて止まらない。

それで決めた。筋トレしよう。一応テニスサークルに入っている俺だけれども、テニスはお遊びで飲み会が多く、まだ二〇歳そこそこなのにお腹のまわりがぷくぷくしてきた。もともと痩せているので余計に目立つ。これじゃ海で格好がつかない。格好がつかないのに北川さんを誘えるわけもない。我ながら論理的ではないなと認識しつつも、そんなこんなで少しワクワクしてきたことに驚く。

標的行動は簡単だ。毎日腹筋すること。とりあえず一セット二〇回にして、何セットしたかを記録することにした。達成目標については「腹筋が割れてみえること」にした。

そうそう。ここで一つ告白しておこう。授業では「何のためにその標的行動を変えるのか?」という問いに応える演習をしたのだが、俺はこの「なぜなぜ法」という演習を正直にやらなかった。

「なぜ、腹筋するの?」と聞かれ、「かっこいいから」と答えた。なぜ「かっこよくなりたいの?」と聞かれ、「その方がモテそうだから」とか「健康にいいから」なんて、いい加減に答えていた。本当の答えは「夏休みに北川さんと海に行くため」なのに。

ここに時限爆弾がひそんでいたと後から気がつくのだが、今はこのまま話を進める。ベースラインを二週間測定してみると、だいたい三日に二日は一セットならできることがわかった。バイトで帰りが遅くなる日はサボるだろうな、だるいし、と思っていたのだが、記録をつけ、グラフにしてみると、そうでもないことがわかった（グラフは図3－5参照）。「疲れていたらやらない」というのはどうやら俺の思い込みにすぎなかったようだ。

グラフからははっきりしなかったが、バイトがある日にお気に入りのバラエティ番組を録画しておくと、帰宅してからそれを観ながら腹筋できた。逆に、バイトから帰ってから観る番組がないと、そのまま風呂に入り、風呂に入った後は腹筋する気もなくなって寝てしまうようだった。

ただ、こんな調子では夏までに腹筋が割れそうにない。二週間たってもお腹のまわりはぷくぷくのままだ。そこで標的行動に目標を設定することにした。一日三セットすることにする。

それを相談すると、先生は、「腹筋のやり方も工夫してみたらどうかな。反動を使って勢いよくやると、あまり効かないよ。ゆっくりと、二秒くらいかけて持ち上げて、そのまま二秒保持して、また二秒でゆっくり降ろすと、かなり効くよ」と教えてくれた。

帰ってから、さっそくやってみた。え、まじ、きつい。きつすぎて一三回でギブアップ。今までの腹筋、なんだったんだろって感じだ。しかも、一三回しかしていないのに、もう腹筋がパンパンに張ってる。やばい。

でも不思議なことに、それに、まったくもって予想外な展開だけど、ものすごくワクワクしてきた。きつすぎて心拍数があがったせいかもしれないし、これなら本当に腹筋が割れるかもしれないと現実感が出てきたせいかもしれない。

ただし、これじゃ一セット二〇回は難しそうなので、急遽、一セット一〇回に変更。一日三セットの目標設定はそのままで試してみることにした。

そして二週間。いやぁ、難しい。一日三セットできた日は稀だった。まったくやらない日もあった。それでも、運動としては前より厳しくなったのにも関わらず、一日一セットや二セットできた日もあった。こういう日は、三セットめ途中で辛くなって諦めた日だ。

ここでＡＢＣ分析をすることになった。「〜すれば、〜になる」という行動と環境変化の関係を行動随伴性と呼び、行動随伴性に行動の原因を求めるのが行動分析学なんだそうだ。

腹筋を一〇回することを標的行動にした。これを一日三セットすれば目標達成。以前の俺からは考えられないほどキツい運動を続けているんだから、記録表にマルがつくことは、それなりの好子になっていそうだ。好子出現による強化というやつだ。でも、毎日三セットまで頑張れるほど強力な好子ではないのかもしれない。

先生に教えてもらったやり方だと、腹筋するたびに痛いし、疲れる。このような嫌子の出現で弱化されているから、目標達成だけでは行動が十分に継続しないとも考えられる。「腹筋が割れる」のところは塵も積もれば山となる型の随伴性にあたるらしい。どんな行動随伴性でも行動を変えられるわけではないという。塵も積もれば山となる型の随伴性というのは、そうい

図3－4　なぜ腹筋できないのか：現状のABC分析

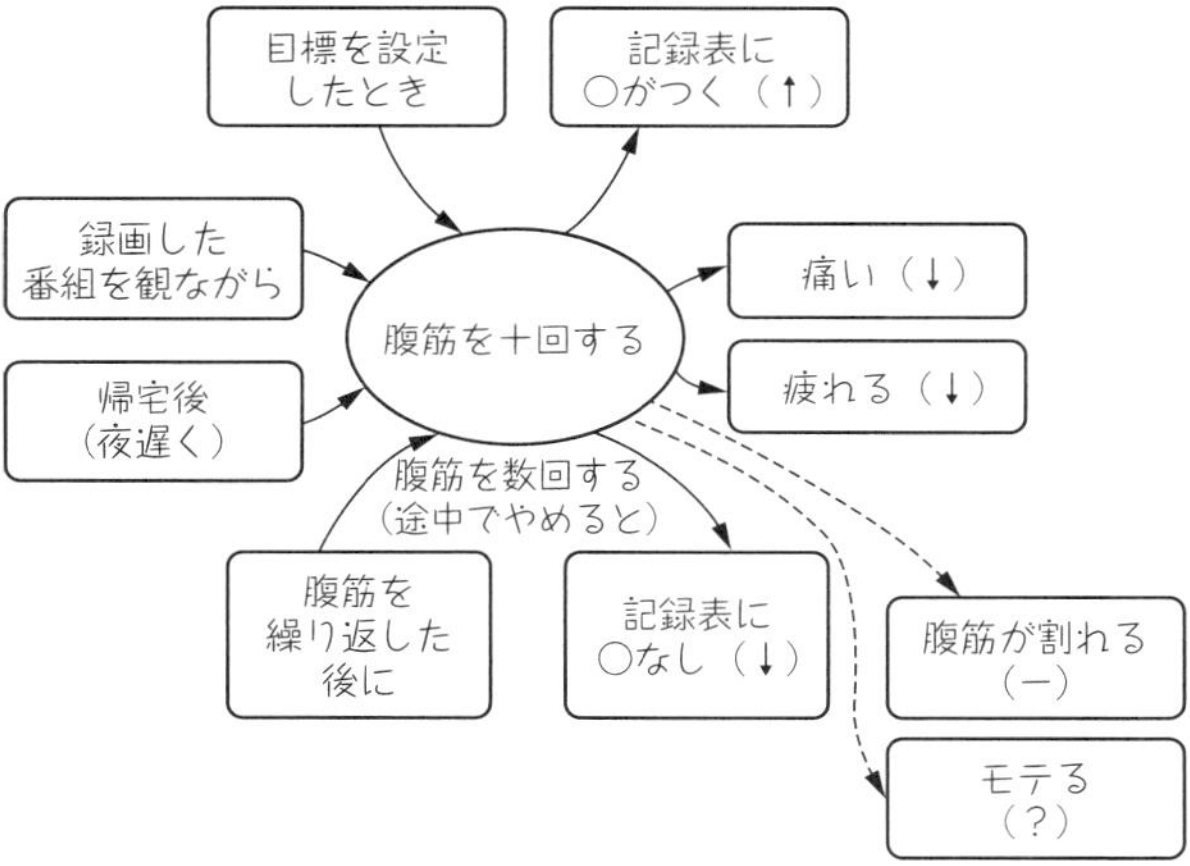

う効果のない随伴性の一つとのこと。

俺の場合、腹筋が割れることは好子だけど、腹筋を一〇回しても割れるわけではなく、繰り返しと積み重ねが必要だ。腹筋を毎日欠かさず二か月やれば、「ビリーズブートキャンプ」のビリー隊長のような六つに割れた腹筋が手に入るとわかっていて、そういうふうになりたいと心から願っていても、ほとんどの人が脱落するのは、このためということになる。

ということは……、俺は考えた。

もしかして、モテるようになるという後続事象も同じように塵も積もれば山となる型なのかな。悪い予感がして、質問した。すると先生はニヤニヤしながらこう答えた。

「腹筋を続ければ、いずれ割れてくる。体は嘘をつかないよ。でも、腹筋するだけでモテるようになるだろうか?」

　確かにそうだ。腹筋が割れれば必ずモテるわけじゃない。ビリー隊長を敬遠する女子だって少なからずいるじゃないか。だいたい、北川さんが腹筋に興味があるかどうかだって未確認だし。

「モテる、は思い込みの好子ということでしょうか?」と俺は先生に突っかかるように質問する。思い込みの好子とは、自分が好子だと思っているだけで、実は行動を強化しない出来事のことである。

「君にとって、いや、たいていの男子にとってモテるは好子として機能すると思うよ。女子から声をかけられる、声をかけたら笑顔を返してもらえる、デートに誘えばOKしてもらえる、「好きです」とコクられる。そういう状況をまとめてモテると呼ぶとしよう。マウスの右ボタンを一〇回クリックすれば丸一日そういう状況になるとしたら、クリックしない男子を探すのは難しいよね」

　またまた仮定法か。俺は少し考えてからこう尋ねた。

「もしかして、腹筋が割れればモテるはずだという随伴性が思い込みなんでしょうか?」

「そうかもしれないね。あるいは確率的な関係と考えてもいいかもしれない。筋肉フェチの女の子なら成功しそうだし、草食系好みだと難しいかも。笑顔で挨拶するとか、相手の話を頷きながら聞くとかの行動の方が、モテ度アップにつながる確率は高いと僕は思うけどね。君は、誰にモテたいの？」

「……女子全員ですけど、なにか」とお茶を濁すのが精一杯だった。北川さんにモテたいのだから、北川さんにとって好子が何かを考えるべきであった。そうか、これをなぜなぜ法で探るべきだったのだ。

「この、「途中でやめる」というのは何のことかな？」と先生。どうやら、興味の矛先がずれたらしく、ほっとする。

「セットの途中でやめちゃうときがあって、そうすると、たとえばせっかく八回やっても記録用紙に〇がつかないから消去されちゃうって考えたんですけど」

「なるほど。それは卓越した分析だ！」

「ほんとですか？」（卓越なんて言葉を会話で使う人、はじめてだけどさ）

「ほんとだよ。考えてみたら、そうだよね。ほとんどの人はセット単位で運動するけど、それは次のセット完了に至らない行動が消去されているからとも解釈できる。優秀だよ」

「はい。だから介入では、セット数とは別に回数の記録もつけることにしようと考えたんです」

「いいね」

「ただ、それだけでは物足りないと思って、何か新しく好子を追加したいのですが、思いつかないんです。腹筋した後にご褒美にビール飲んじゃったりしたら本末転倒ですし」

「そうだね。でも僕にはもう好子が視えるよ」

そう言いながら、先生は俺の随伴性ダイアグラムを指差した。

「録画していた番組ですか？　番組を観ながら腹筋しているから、先行事象のところに書いたんです。間違ってますか？」

「間違っていないよ。でも、わざわざ録画してまでも観てるわけだから、この番組は好子として使えそうだよ」

「！」そういうことか。好子はここにあったのだ。アスカふうに言えば「ずっと一緒だったのね、好子」だ。「ロンドンハーツ」や「アメトーーク」は録画行動、視聴行動を強化する力を持っていることになる。これを使わない手はない。

CMごとに再生を一時停止して腹筋し、一セット終わったら再生を再開すればいい。一セットしなかったら、その日はそれまで。番組を観るのも翌日に延長だ。これで、腹筋する行動を番組視聴によって強化できる。

それから、一セットめだけはこれまで通りに番組を観ながら腹筋することにした。その方が、二セットめ以降、番組の続きがよりいっそう観たくなるのではないかと考えてのことだ。番組

図3－5　腹筋行動の変容

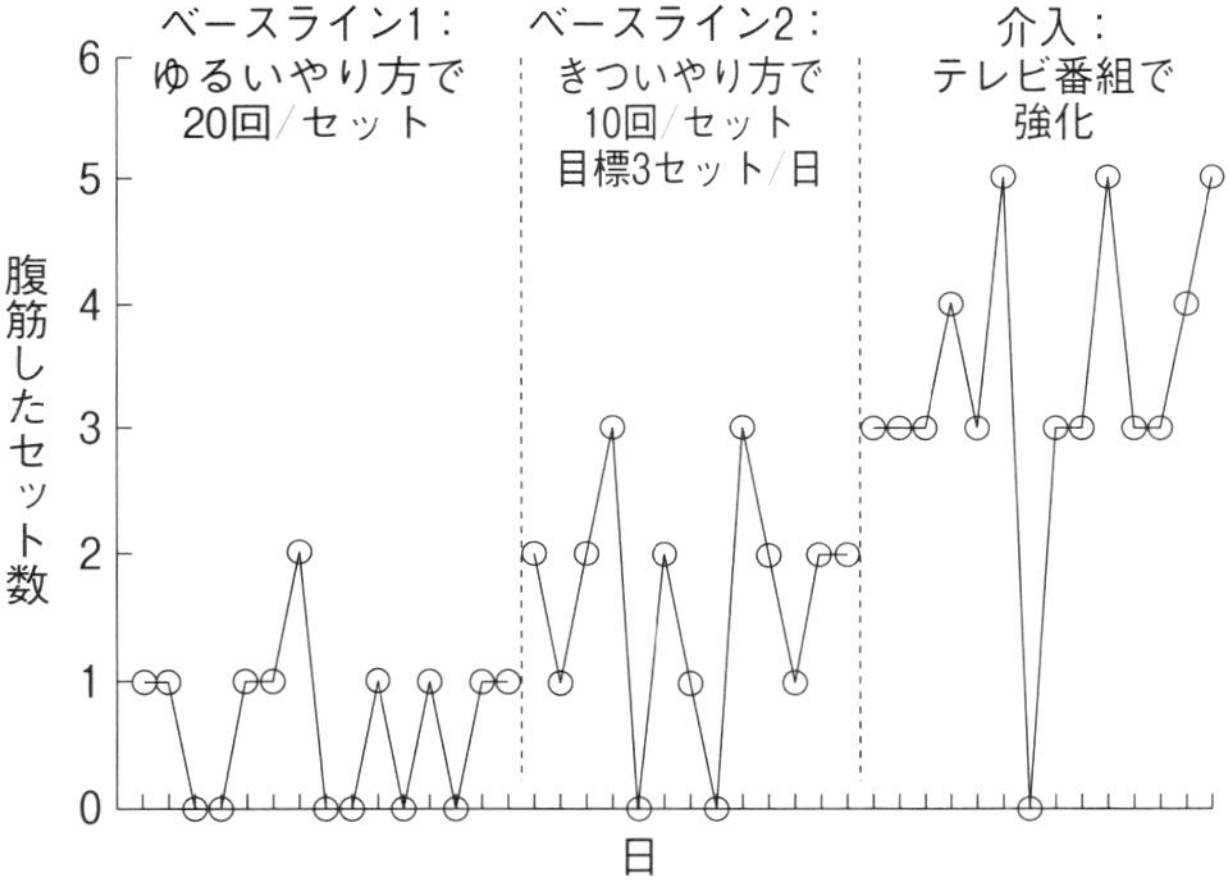

の好子としての力をつけるわけだから、たぶん確立操作というのだと思う。

果たしてどうなったか。なんと介入を導入してすぐに毎日三セット腹筋するようになった。サボったのはサークルの飲み会があった一日だけ。調子こいて四セット、五セットやる日も出てきた。筋力がついてきて、一、二セットくらいなら、痛みや疲れなどの嫌子が出現しなくなってきたせいかもしれない。

お腹はしまり、腹筋もうっすりと六つに割れてきた。力をこめるとよくわかる。

夏が来るのが楽しみになってきた。学期末、この授業の最終回が終わったら、北川さんに声をかけよう。

第四章

じぶん実験の進め方

†じぶん実験の進め方

　第三章に登場した「片付けられない女子学生」は、だらしない性格が原因で部屋の片付けができないと思い込んでいましたが、じぶん実験できれい好きな自分を発見し、部屋を片付ける方法を見つけました。「腹筋を割りたい男子学生」は、大学生活がだるくてつまらないと思っていましたが、じぶん実験を進めるうちに、気がつくと、ワクワクした毎日を送るようになっていました。

　二人の例からわかるように、片付けられない理由や、腹筋運動が続けられない理由は、複数推測できます。そして、実験をして、自分で自分の行動を変えながら、自分の行動の制御変数を見つけられます。では、いよいよじぶん実験の進め方です。

一．解決したい問題や達成したい目標を選ぶ

じぶん実験で取り組むテーマを決めます。ダイエットでも、資格試験の勉強でも、夫婦関係や恋愛関係でも、何でもかまいません。自分の行動が変われば解決する問題や達成する目標を一つ選び、問題解決や目標達成の成否を確認する成果指標を決めておきます。

二．標的行動を決める

変えようとする自分の行動を決めます。これが標的行動です。

やろうと思っているのにできない行動か、やめようと思っているのにやめられない行動のどちらかにするとわかりやすいです。前者は標的行動を増やすことが目標に、後者は標的行動を減らすことが目標になります。問題解決や目標達成のために必要な行動が複数考えられる場合には、その中で最も重要だと思われるものを一つだけ選びましょう。

以下、標的行動を決める際に満たすべき条件を解説します。

①死人テスト（生きていないとできないこと）をパスすること

第二章で触れた「死人テスト」を使って、標的行動を定義します。日常的な言葉や表現には

いくつかの罠が潜んでいますから注意が必要です。

たとえば「揚物を食べない」はいっけん行動のようですが、死人は揚物どころか何も食べません。標的行動は「揚物を食べる」で、これが減らしたい行動になります。「節約する」も、それが「無駄なものを買わない」という意味なら死人はそもそも買い物できません。「コンビニでレジの横に置いてあるおやつをついでに買う」などを減らしたい行動として選ぶことになるでしょう。

②具体的であること

第二章で解説した具体語を使って標的行動を定義します。「楽しむ」や「急ぐ」や「怒る」などは、具体的な行動のように聞こえるかもしれませんが、どのような行動をもって「楽しむ」「急ぐ」「怒る」とするのかは人や状況によって異なります。

たとえば、バスケットボールをしているときに、微笑みながら試合をしているのが「楽しむ」なのか、ニコリともせず、ただただ集中してプレーし続けるのが「楽しむ」なのか、シュートやパスカットでゲーム中に好プレーすることが「楽しむ」なのか、「楽しむ」と言っても色々な行動が考えられます。行動が異なり、随伴性も異なれば、介入もまた異なります。候補が複数あるのなら一つに絞りましょう。

抽象的な表現から具体語を使って標的行動を定義する作業を「課題分析」と言います。第三章で紹介したビデオクリップ法を使ってみましょう。

「部屋を片付ける」ではまだ抽象的です。そこで、自分が部屋を片付ける様子を思い浮かべて、頭の中で撮影し、再生してみます。そうすると、「床に落ちているティッシュを拾ってゴミ箱に入れる」とか「ベッドの上にある服をハンガーにかけてクローゼットに吊るす」とか「テーブルの上に重なって置いてある雑誌を本棚のマガジンラックに立てて並べる」のように、一つひとつの動作まで確認できます。これでようやく標的行動が具体化されたことになります。

③数値化できること

じぶん実験では、標的行動の頻度を記録することが多いはずです。ですから、回数を数えられるかどうか確認します。

†標的行動の数え方

初めてじぶん実験に取り組む人には、毎日測定できる行動を選ぶように勧めています。一週間に数回しか行動する機会がないと、介入の効果がわかるのに数週間以上かかってしまいます。介入の効果がすぐにはっきりと確認できれば、介入する行動そのものが強化されます。

標的行動の頻度は単位時間あたりの回数を記録します。一時間あたりとか、一日あたりとかです。行動の回数を数えるのは、やってみると意外に手間がかかるものです。手間がかかる行動は続きません。弱化されるからです。だから、じぶん実験では、できるだけ手間をかけずに、それでも必要な情報ができるだけ正確に測れる方法を工夫します。

標的行動を「ダイエットのために間食を減らすこと」にした場合、最も簡単な方法は、一日のうちにどのくらいの量を間食したかではなく、とにかく一日に一口でも間食したかどうかを記録することです。カレンダーに○か×を書き入れていくような記録法です。こうしておけば、一週間のうち間食した日数（回数）のように、頻度を算出できます。

ただ、これだと一日に何回も間食している人や一回の間食の量がとても多い人が回数や量を減らそうとしているときには、その変化が測れません。昼飯の前、おやつ、夜食と、毎日三回間食していた人が、夜食だけ抜くことに成功しても、カレンダーに記される間食した日数は同じです。せっかくの行動変化が感知されない測定方法だということになります。

行動が目に見えて変わることがじぶん実験の継続に大きく影響しますから、これは望ましくありません。ですから、こういう場合には、間食する機会を決め（たとえば、昼飯の前、おやつ、夜食）、毎日、そのうち何回食べたかを記録します。そうすれば、三回中三回から三回中一回に行動が減ったことを、一〇〇％から三三％へ減少したというように感知できます。

回数以外の測定方法もあります。たとえば、寝坊しないために「午前一時までにベッドに入る」を標的行動にするとします。毎日、午前一時までにベッドに入ったかどうかを○×で記録していけばいいのですが、間食の例と同じで、これではせっかくの変化がうまく測れません。毎晩朝の四時までネットをして起きていた人が午前一時就寝を標的行動にして、二時に寝るようになっても、四時から二時への違いを感知できないのです。それならば単純に、毎日の就寝時刻を記録しておけばよいということになります。

†行動ではなく所産として標的を定義する

標的行動を毎回観察して測定するのが難しい場合には、行動の所産を測定します。

ワープロソフトでレポートを書くという行動をビデオクリップ法で思い浮かべてみてください。キーボードを打ったり、画面を見たり、文章構成を考えたり、参考文献を読んだりといった行動が自発されては消えて行きます。そのすべてを観察、測定するのは困難です。でも、その後に「レポート」は残ります。

行動は自発し終われば消えてしまいます。その瞬間に立ち会わないと観察できません。ですが、行動によっては行動が終わったあとにその所産が残ります。行動が消えても、行動の所産として残るものをパフォーマンスと呼ぶこともあります。

飲酒の量を減らしたい人は、飲んだ翌日に空き缶の数を数えればそれが所産の測定になります。無駄遣いを減らしたい人は、レシートを捨てずにおき、無駄遣いだと思う買物に支払った金額を合計すれば、それが所産の測定、すなわちパフォーマンスになります。

一般にパフォーマンスというと、大道芸人がみせるパントマイムとか、政治家のみせかけだけの人気取りとか、パソコンの計算能力という意味で使われますが、ここでのパフォーマンスはそういった通常の言葉の使い方とはずいぶん意味が違いますから注意して下さい。

標的行動の観察や記録が難しい場合には、標的行動の所産であるパフォーマンスを標的として定義しましょう。

†「遅刻」を解決する標的行動の探し方

標的行動を適切に決めるのは、実は難易度の高い仕事です。「朝起きられなくて遅刻ばかりしている」という行動問題の解決を例に考えてみましょう。

「遅刻する」は二つの理由で標的行動にはなりません。

一つめの理由は死人テストを通過しないからです。「遅刻する」というのは「時間通りに来ない」ということです。死人が時間通りに来たら、ホラーです。

二つめに「時間通りに来る」も標的行動としては不適切です。こうなりたいという理想の状況をビデオクリップ法で思い浮かべてみましょう。自宅から会社まで電車を乗り継いで小一時間かかるとします。始業時刻の一〇分前、たとえば八時五〇分までに会社に着くようにするとして、どのような行動が思い浮かびますか？

会社の玄関を八時四七分頃に通過し、エレベータに乗り、あなたのオフィスがある階で降り、自分の席まで足早に歩き、鞄を机の上に置いて椅子に座ってパソコンを起動したら、ちょうど八時五〇分だった。そのようなイメージでしょうか。同じ行動について、現状の様子を思い浮かべてみましょう。時間に遅れて来る場合のビデオクリップです。あなたの表情は曇っているかもしれません。歩く速さも、より早足かもしれません。何しろ、会社の玄関を通過したのがすでに九時を回っていますから。

現状と理想を比べてみて下さい。どこが違いますか？

何をどのように変えたいのでしょうか。「ゆっくり歩く」ですか？　いいえ、違います。それでは余計に到着が遅れます。「余裕がある表情をする」ですか？　いいえ、そうしたら上司を怒らせるだけです。

「遅刻」は行動ではなく、行動の所産です。そして、多くの場合、遅刻という所産を生み出す行動は、到着時の行動（時間通りに着く）ではなく、出発前の行動なのです。

だからといって疑いもなく「間に合うように自宅を出発する」を標的行動としてはいけません。これも所産であることが多いからです。ビデオクリップを巻き戻して、朝起きてから家を出るまでの様子を思い浮かべましょう。いや、もしかすると、さらに巻き戻して就寝前の様子を思い浮かべる必要があるかもしれません。

†行動変容の核心点を見つける

「間に合うように自宅を出発する」ためにどのような行動変容が必要かを続けて考えましょう。そこを変えれば所産が変わるという行動を「行動変容の核心点」と呼びます。

行動変容の核心点は人や状況によって異なります。たとえば起床時刻が遅い人の場合、睡眠時間が十分に取れているのに床から出るのが遅いなら、「目覚ましがなってから五分以内に床を出る」が核心点です。就寝時刻が遅すぎて十分に睡眠時間がとれずに起きられないのなら、就寝時刻を早くする必要があります。床に入るまでにテレビをみたり、ネットをしたりしていて遅くなるなら、そこが核心点かもしれません。そもそも帰宅が遅すぎるなら、さらに時間を遡り、行動変容の核心点を探さなくてはなりません。

遅刻に限らず、行動問題の解決だけを目指すのであれば、行動の所産を標的として定義し、随伴性を設定してもうまくいくことがあります。たとえば、「遅刻するたびに同僚全員に昼食をおごる」と約束し、同僚にも協力してもらえば、きっと喜んで協力してくれると思いますし、遅刻の回数は減らせるかもしれません。ただし、これでは、なぜ遅刻してしまうのか、その背景にどのような随伴性、好子や嫌子があるのかは明確になりません。従って、自己理解にもつながりません。

また、行動問題によっては、行動の所産に随伴性を設定しただけでは問題が解決しない場合もあります。たとえばＴＯＥＩＣの得点を上げるのに「九〇〇点以上だったら自分へのご褒美に海外旅行」としただけでは、得点は上がらない人がほとんどでしょう。その場合には、行動変容の核心点を探し、それを変える介入を計画することになります。

†達成目標を見直す「なぜなぜ法」

標的行動が狙い通りに増えたり減ったりしても、それで問題が解決したり、目標が達成したりするとは限りません。ダイエットのために毎日三〇分ジョギングすることを標的行動とし、一〇〇パーセント実行しても、成果指標とした体重が思うように減らないこともあります。ジョギングの後、風呂上がりにビールを飲んでしまっているというのはよく聞く話です。

標的行動が実行できていないのに問題が解決してしまうこともあります。出会いを求め、女友達に合コン開催の依頼電話をかけることを標的行動にしていたら、その女友達とつき合い始めてしまったとか。

後者は幸運な例で、言うことなしの結末ですが、前者には改善の余地があります。ビールを飲む行動を減らすために標的行動に設定しなくてはならないかもしれませんし、より効果的な行動を選択した方がいいかもしれません（炭水化物を減らし、野菜の摂取を増やすとか）。

そこで、選択した標的行動が問題解決や目標達成のために役立ったかどうかを評価する仕組みが必要になります。標的行動とは別に、成果指標を測定するのはこのためです。そして何を成果指標とすべきか考える方法が「なぜなぜ法」です。トヨタ自動車が品質改善に活用していると言われる「なぜなぜ5回法」を応用します。トヨタでは問題のより根本的な原因を探るために「なぜ」を繰り返し自問しますが、ここでは標的行動を「なぜ」変えようと思うのかを繰り返し自問していきます。

「毎日三〇分ジョギングする」を例に試してみましょう。

・なぜ「毎日三〇分ジョギングする」のか？↓「たるんできたお腹を引っ込めるため」
・なぜ「たるんできたお腹を引っ込める」のか？↓「かっこ悪いから」
・なぜ「かっこ良く」なりたいのか？↓「自分に自信を持ちたいから」
・なぜ「自分に自信を持ちたい」のか？↓「女の子にモテたいから」

最後の答えは「いきいきとした人生を送りたいから」かもしれません。もちろん、ここで終わらせずに問い続けることも可能です。なぜ「女の子にモテたい」のか、なぜ「いきいきとした人生を送りたい」のか、というように。

なぜなぜ法で得られた回答から、自分にとって何が好子や嫌子なのか考えます。たとえば、「たるんだお腹」が嫌子であること、でもそれは「女の子にモテる」が好子で、「たるんだお腹だと女の子にモテない」というルールがあるからだと推測できます。

標的行動についても別の選択肢が探索できます。たとえば「女の子にモテる」ことが目的なら、「女の子の話をうなずきながら聞く」とか「女の子が興味を持つ話題について調べる」とか「下ネタの冗談を言う頻度を下げる」などの方が、もしかすると「ジョギングする」よりも有効かもしれません。

そして、標的行動の妥当性を評価する際には、胴回りのサイズよりも、たとえば好きな女の子と楽しく話をした回数を数える方がふさわしいこともわかってきます。

測定方法の決め方

測定方法は、誰が、何を、いつ、どこで、どうやって測定するか決めていきます。

・誰が測定するか

じぶん実験の場合「誰が」は「自分が」になるでしょう。自分で行動を観察し、記録することもあれば、何かしらの装置を使って行動を自動的に記録することも可能です。たとえば一日に何通メールしたかはパソコンやスマートフォンに残った履歴を数えられます。ジョギングやウォーキングの量を万歩計やスマートフォンのアプリで測定することもできます。

・何を測定するか

標的行動か所産、そして成果指標を測定します。標的行動については前述したように頻度を測ることが多いですが、目的によっては他の指標を用いることもあります。改善を目指して測定する成果指標を本書では「照準成果」と呼びます。

行動の正確さを測定する場合には、機会あたりの正反応数を数えることになります。たとえば、英検などにむけて単語カードを使って英単語を暗記しようとしているなら、正解したカードの数を出題したカードの数で割り、一〇〇をかければ、正答率をパーセンテージで計算できます。解答スピードを目標にするなら、毎日カードをシャッフルして一分間の間に正解できた枚数で一分間あたりの正答数を測定できます。起床してから家を出るまでの時間を短くするのが目的なら、着替えたり、食事をしたり、顔を洗ったり歯を磨いたりして準備完了となるまでの所要時間を測定します。毎朝、新聞やメールを読んだり、コーヒーを飲んだりして、なかなか仕事に取りかからない習慣を改善したいなら、机についてから仕事を始めるまでの反応時間を測定してもいいでしょう。すぐに集中がきれるのを改善したいなら、仕事を始めてから、携帯をみたり、隣の席の人と話をしたり、トイレのために席を立ったりするなど、仕事を中断するまでの持続時間を測定し、改善対象とすることができます。

じぶん実験で行動の強度を変えることを目標とし、測定することは滅多にないかもしれませんが、次のような応用もできます。

心肺機能を高めるためにスポーツジムでバイクをこぐとします。心拍数を一定以上まで上げなくてはなりません。心拍数の目標値を超えて走った持続時間を記録すれば強度も測定対象にできます。筋力向上のためにウェイトトレーニングをする場合も同様です。ただし、こうした方法で測定しているのは、「心肺能力」や「筋力」ではなく、ある水準以上の強度の行動の頻度や持続時間であることに注意して下さい。

行動の所産を測定する場合にも、対象や目的によって何を測るかが決まります。新聞を毎日読むことが目的なら、読んだ記事や頁の数を数えてもいいでしょう。読書も同じです。無駄遣いを減らすのが目的なら、無駄遣いした回数を数えるよりも、買ったつもりになって使わなかったお金を貯金箱に入れ、その金額を記録しておく方が楽でしょう。飲み会でお酒を飲む量を減らすなら、飲んだジョッキの数を数えます。

照準成果の測定方法も対象や目的によって決まります。ダイエットなら体重や体脂肪率、モテることが目的ならＬＩＮＥを交換した人数が妥当かもしれません。

・いつ、どこで測定するか

「いつ」と「どこで」は標的行動や照準成果が定まれば、おのずと決まってくることが多いです。たとえば、通学時、通勤時に英会話の音声教材を聴くことを標的行動とするなら、「朝夕」に「電車の中で」、早寝を目標にするなら「夜」に「自宅で」というように、時間と場所が自動的に決まります。

行動の所産を測定する場合、測定は後からいつでもできます。ただし、こういう場合にもいつ測定するかはあらかじめ決めておきましょう。毎朝仕事始めにとか、毎晩寝る前にとか。そうしないと、測定の先延ばしが生じやすくなります。

じぶん実験の醍醐味の一つは、測定をして、行動の変化をリアルタイムで観察しながら、次に何をするかを決めていくところにあります。数週間ぶん溜まった所産を一度に測定するとなると、この醍醐味が味わえませんし、場合によって命取りになります。

行動が変わっていないのにそれに気づかず、効果のない介入を続けてしまったり、逆に行動がすでに変わっているのにそれに気づかず、不必要な介入を続けてしまったりすることになりかねないからです。

・どのように測定するか

誰が、何を、いつ、どこで測定するか決まると、測定方法もほぼ決まってきます。回数や枚数なら数えることになりますし、反応時間や持続時間なら時計やストップウォッチを使います。最近はスマートフォンのアプリにも便利なソフトが登場しています。昼食を食べた時刻やベッドに入った時刻なら時計を見て記入することになりますし、自炊したかどうかを測定するなら、自炊したかどうかを記録することになります。

†記録用紙の作成

記録用紙を作成しましょう。毎日記録するわけですから、日付を書く欄、標的行動や照準成果の測定欄などを用意します。

記録用紙を作成したら、試しに測定してみましょう。実際に頭と手足を動かして、記録用紙に記入してみます。そうすると、必要な記入欄が欠けていたり、記入の手間が省けそうなところがみつかるはずです。

資格試験のために複数の問題集を使って勉強していて、毎日、それぞれを何頁進めたか記録するとします。このとき、「日付」という欄を作って毎日日付を書き込むようにすると、そのぶん手間がかかります。最初から日付を書き込んでおけば手間が省けます。

同様に「問題集」という欄を作って、そこにその日に取り組んだ問題集の名称を書くようにすると、無駄な手間がかかります。あらかじめ記録用紙に問題集の名称や略称を記入しておき、取り組んだものに丸をつけるとか、やらなかった問題集については0（頁）と記入すると決めておけば無駄な手間が省けます。

測定の練習と記録用紙の改善を何回か続けます。最初はみつからない改善の余地が数回目にみつかることもあるからです。

記録用紙に改善すべきところがみつからなくなったら、記録用紙に想定するデータを書き込み、それをもとに折れ線グラフを作成します。折れ線グラフの描き方は123頁の「記録を視覚化する」で後述します。

折れ線グラフに描き、それをよく視ると、不足している情報に気づくことがあります。介入を開始して、記録を比較したときに、行動が変わったかどうかをグラフから判断できないことに気づくかもしれません。後で修正することも可能ですが、測定とグラフ作成の予行練習をしておけば防げることですから、ぜひお試し下さい。

†測定は手間取らない方法を

測定方法の基本は手間をできるだけ省くことです。測定はじぶん実験の要です。測定し、記録する行動が毎日安定して自発されることが前提になります。測定のために記録用紙やノートを鞄から毎回取り出さなくてはならないとか、測定だけに数十秒以上時間がかかるとか、測定することで他の行動ができなくなるとか、こうした悪条件はすべて弱化として機能し、測定行動を自発されにくくします。

手間や時間を省くことで測定の精度が落ちることがありますが、じぶん実験の結果は学会で発表するわけではありませんから、それほど気にすることはありません。測定の最終的な目的は、行動が変わったかどうかを確かめることです。ですから、それがわかるくらいの精度があれば問題ありません。

逆に、介入を導入する前後で測定値の比較ができなくなるような方法は避けなくてはなりません。たとえば、体重を測定するときには、一日の中の時間帯や条件（食前か食後とか、着衣の有無など）を同一にしておく必要があります。たとえば、「毎晩、夕食後の風呂上がりに裸で」というように。

手間を省く方法の一つが場面を限定する方法です。たとえば、髪の毛をいじる癖を直すことを目標にして、「髪の毛をつまんでひっぱる」を標的行動としたとします。寝ているとき以外は四六時中やってしまう可能性があるとして、起きている間ずっと気にして回数を数えるのは、不可能ではないにしろ、現実的ではありません。このようなときには測定する場所や時間帯を限定してしまうのも手です。たとえば、毎晩、夕食後、自宅でニュース番組を観ている一五分だけを測定対象とするなどです。

心理学の研究では無作為抽出法も用いられます。「前向きに考える」行動を標的行動とし、これを測定するのに、たとえば、平均すると一時間に一回くらいになるように無作為に選んだ時刻にアラームをならしたり、メールを送って、そのときに前向きに考えていたかどうかを記録する方法です。私も私の授業の受講生にもまだこうした仕組みを使ってじぶん実験をした人はいませんが、今後、インターネットやスマートフォンを活用したサービスによって手軽にできるようになるかもしれません。

†目標水準の設定とベースラインの測定

標的を決め、測定方法が決まったら、行動の目標水準を決めましょう。たとえば「ジョギングする」を標的行動とした場合、これが「毎日」なのか「週に三日以上」なのか、一回にどのくらい走るのか（三〇分とか五キロ以上など）を決めることになります。希望的観測ではなく、実現可能な目標を決めましょう。

標的を決め、目標まで設定すると、さっそく何かしてみたくなるものです。原因を推定せずに思いついた介入をさっそく始めてしまう誤りを「解決策飛びつきの罠」と呼んでいます。解決策に飛びつくとたいてい失敗します。しばらく我慢してください。

目標をどのくらいに設定すれば実現可能なのか判断できない場合には、ベースラインを測定し、現状を正確に把握してから決めてもかまいません。ベースラインでは、介入を始める前に現状を把握するため、測定だけを行います。ベースラインを測定している期間を「ベースライン期」と呼んでいます。

ベースラインは、標的行動の水準（どのくらいの頻度で自発されているかなど）、傾向（増加しているか、減少しているか、変化がないか）、変動（同じくらいの頻度で安定しているか、頻度が多いときと少ないときがあるか、どのようなときに多かったり、少なかったりするか）が明確になるまで続けて測定します。変動が小さく安定していて、傾向もなければ三から五回の測定で終了してもかまいません。ただし、一、二回では傾向が判定できませんから、最低でも三回は測定しましょう。

ベースラインを測定すると、これまでできていなかった行動がなぜできなかったのか、あるいはこれまでやめられなかった行動がなぜやめられなかったか、原因推定に役立つデータが得られます。自分理解の第一歩です。

変動が大きい場合には、しばらく継続して観察し、変動が小さくなってくるかどうか待ちます。ですが、変動の要因が容易に推定できて（たとえば退社時刻が曜日によって大きく異なり、それが退社後にジョギングするかどうかに影響しているような場合）、今後もその変動が保持されそうなら、変動が収まるのを待つ必要はありません。

増やしたい標的行動が増加傾向にあるなら、そのままベースラインでの観察と記録を続けます。減らしたい行動が減少傾向にあるときも同じです。行動問題が改善されているときに、わざわざ解決策を導入する必要はありません。

逆に、増やしたい標的行動が減少傾向にあったり、減らしたい行動が増加傾向にあるときには、ベースラインを長期間測定する必要はありません。介入によって傾向を逆転させることが目標になり、それが行動が変わったかどうかの評価基準になるからです。

†記録を視覚化する

記録したデータは折れ線グラフとして視覚化します。グラフは横軸に時間（日付、週、月など）、縦軸に標的行動の頻度などを取ります。折れ線グラフにするのは、時間と共に変化するデータの水準と傾向、そして変動を目で読み取るためです。

介入を始める頃合いもグラフから判断し、介入を始めたら、その効果もグラフから判断します。

行動を測定しながら、測定値をグラフにし、グラフを視ながら行動の原因推定や介入立案をし、その結果をまたグラフにして確認していくというのが、行動分析学の研究法であり、じぶん実験の方法でもあります。したがって、行動の変化が目で視てとれるようにグラフを作ること、頃合いを見失わないように日々更新することが肝心です。

日々のグラフ更新には当然のように手間（行動コスト）がかかりますので、ここでも工夫が必要です。

たとえば、パソコンの表計算ソフトなどを使って完成度の高いグラフを作るよりも、台紙だけ印刷して後は折れ線を手で描き込んだ方が行動コストは低くなります。パソコンを使おうとすると、ついつい何日かぶんをまとめて入力してしまいがちになります。パソコンやソフトを起動して入力作業を準備する時間や手間が、たった一点のデータを打ち込むのに短期的には見合わないからです。まとめて入力するためにグラフ作成が遅れてしまうと、介入を開始する頃合いを逃してしまうかもしれません。

記録行動が弱化されないように工夫するのと同様のことが、グラフ作成行動についても言えます。記録用紙だけが積み重なり、効果のない介入を知らずに続けてしまったり、すでに標的が目標に達したのに、不必要な介入を続けてしまわないように注意しましょう。

†傾向線を引いてデータを読む

折れ線グラフにしたデータからは、まず、データの水準と傾向、そして変動を読み取ります。水準は折れ線が縦方向のどのあたりに位置するかを視てとります。

間食を食べ過ぎていると漠然と感じていても、ベースラインを測定するまでは、実際、どのくらいの頻度で間食しているのかわからないものです。測定し、グラフに描いて、視て、その量にあらためて驚く人もいれば、意外に少なく、これならあえてじぶん実験の対象とする必要もないと判断して、標的を変える人もいます。

傾向は、上昇、下降、変化なしの三つに分けられます。時間の推移に伴って、全体的に折れ線が右上がりなら上昇、右下がりなら下降です。

グラフに「四分割法」を使った「傾向線」を描き込むと判断しやすいです。四分割法は以下の手順で行います（図4-1を参照）。

①まず、横軸の真ん中部分でデータを前半と後半に分けます。データの個数が奇数なら中央のデータを挟んで前と後に、データの個数が偶数なら中央の二つのデータの中間部で前と後に分けます。

②データの前半部分、後半部分をそれぞれ同じように中央部分でさらに半分に分けて、縦の補助線を引きます。前半を分割した線をA線、後半を分割した線をB線と呼びます。

③データ前半の中央値を探します。中央値とはデータを小さい方から大きい方に並べたときに順位が中央にくる値です。縦軸のデータの個数が偶数なら中央の二つのデータの中間の値をとります。そしてこの値の部分から横の補助線を引きます。これをa線と呼びます。

④データの後半に対して同じことを行い、b線を引きます。

⑤A線とa線の交点をa点、B線とb線の交点をb点とします。

図４−１　傾向線の引き方（四分割法）

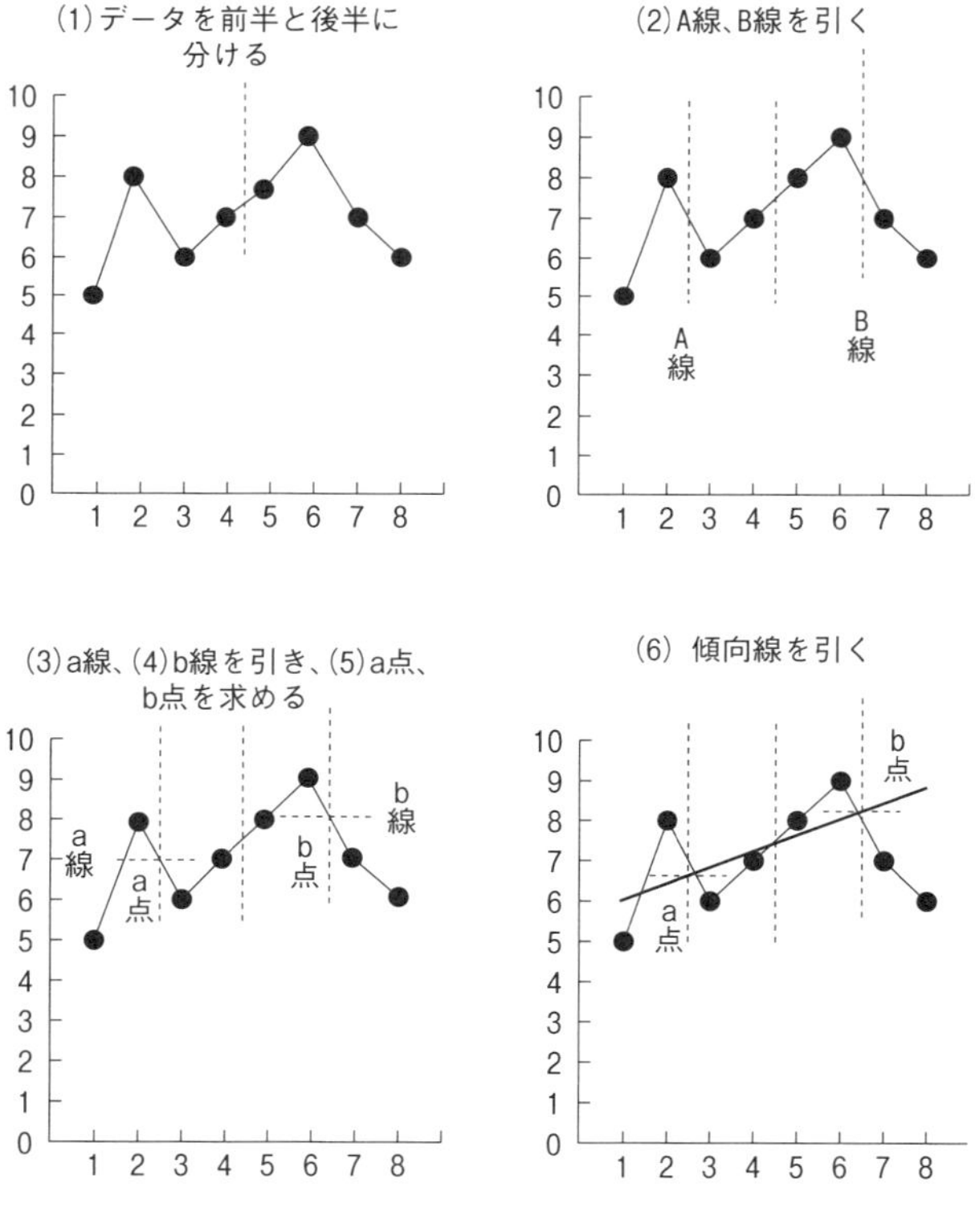

【参考までに】

Excelを使ってグラフを作成するときには、四分割法の替わりに、「近似曲線を追加」（線形回帰）という機能を使って自動的に傾向線をひくことができますのでお試し下さい。

⑥a点とb点を結ぶ直線を引きます。これが傾向線となります。

傾向線が上昇あるいは下降しているなら、その原因があるはずです。じぶん実験を始め、標的を決め、観察を開始し、グラフを描いて、視るだけで、行動が望ましい方向に変化することはよくあります。観察と記録は行動に影響するのです。

†測定誤差

変動はデータのばらつきです。折れ線が上下に行ったり来たりしているか、それともばらつきが小さく、近いところでまとまっているかどうかを視ます。

変動が大きいときには、まずは測定が正確かどうかを確認します。たとえば、資格試験対策のため、毎日問題集に取り組む行動を標的とし、進んだ頁数を記録したとします。いつも同じくらい勉強しているのに頁数の変動が大きいなら、もしかすると頁ごとの問題数や難易度にばらつきがあるからかもしれません。頁数が増えても、標的行動が増加したのか、たまたま頁ごとの問題数や難易度が低下したのか、その両方なのかわからなくなります。

測定にまつわる変動を「測定誤差」といいます。行動という、ややあやふやなところもある測定対象ではもちろん、たとえば百円玉の直径という物理的な対象でさえ、測定誤差は生じます。プラスチック製定規の目盛間隔が完全には一定でないかもしれませんし、歪みもあります。

測定者の視力も影響するかもしれません。厳密に言えば、熱による金属の膨張も影響します。物理学では外部要因による測定対象自体の変化も測定誤差に含めるようですが、行動分析学やじぶん実験では取り扱い方が少々異なります。

先の例を使って考えてみましょう。一日に解いた問題集の頁数を記録しているとします。グラフに描いて視てみると、曜日によって変動していました。

平日はなかなか進んでいませんが、土日はしっかりできています。そこでもう少し詳しく記録用紙を読み返すと、土日は午前中の比較的早い時間帯に勉強を終え、その後で外出したり、趣味の本を読んだりしていました。平日は、仕事が早く終わって夕食前に帰宅できたときには夕食後に何頁か進んでいますが、仕事が遅くなって外食してきた日には問題集を開くこともない日が多いようでした。

仕事を毎日定時で終えることができない限り、この変動要因をなくすことは難しそうです。その場合には、この要因を測定誤差とは考えず、収束させずに先に進んでもかまいません。そして、この変動要因に打ち勝つか、迂回するか、あるいは妥協する介入を考えることになります。

記録用紙に書いたメモを読み返したり、記憶を辿ったりすると、その他の変動要因が浮き上がってくるかもしれません。自宅の居間で取り組んだときと、カフェで取り組んだときと比較

図４－２　資格試験対策行動のベースライン

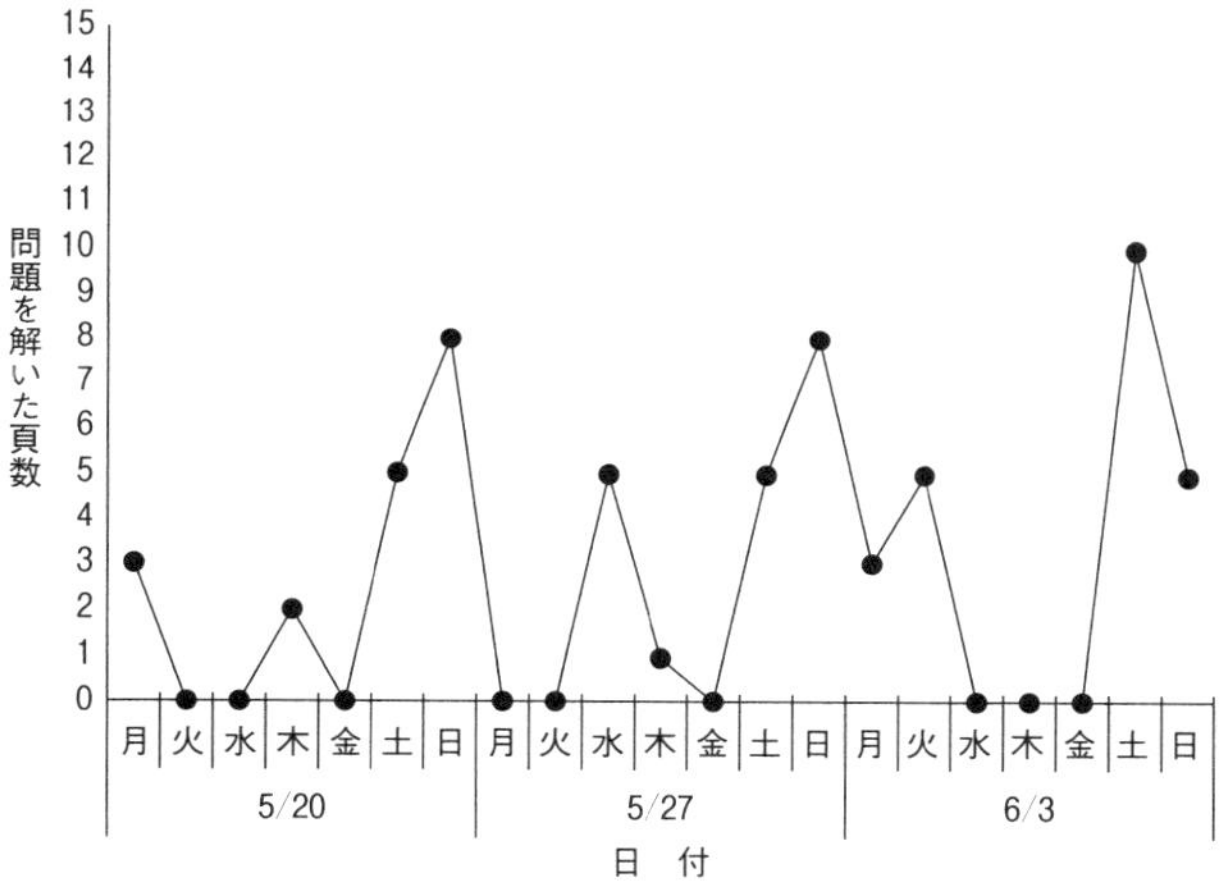

したらどうでしょう。音楽を聴きながら取り組んだときと、そうでないときとではどうでしょう。

　風呂上がりの晩酌を賭けたら夜遅くても問題集に取り組めたことがあったというなら、打ち勝つ策として、晩酌を好子とした強化を追加してみるのも一案です。朝、出勤する前に問題集に取り組んだときの方が、夜、帰宅してから取り組んだときよりも標的行動が自発していたのなら、迂回策として、平日は早起きして朝に問題を解くことにしてもいいでしょう。目標とする頁数を低く設定するという妥協策も手です。

　行動に変動があるということは、測定方法や測定そのものによる誤差だけではなく、行動に影響する環境要因の変動を示唆している可能性が大きいのです。

多くの自然科学において、測定誤差はできるだけ小さくすべきものとみなされています。そうしないと本当に測りたいものが測れないので当然です。行動分析学やじぶん実験でも、装置の精度や測定の方法に関わる誤差は可能な限り減らすべきと考えますが、行動に影響する環境要因については別です。環境要因によって生じる誤差には、行動の制御変数を見つけるために有益な情報が含まれているからです。

†随伴性ダイアグラムで原因を推定する

ベースラインの行動観察やデータから、増やしたい行動がなぜ増えないのか、減らしたい行動がなぜ減らないのか、その原因を行動随伴性に求める推定を行います。

ここで活躍するのが随伴性ダイアグラムです。随伴性ダイアグラムは、図の中央に標的行動を書き、標的行動の前に生じる先行事象を左側、標的行動の後に生じる後続事象を右側にできるだけたくさん描きだして制御変数を推定するための図です。

図4－3に私がこれまでに行ったじぶん実験から、ダイエットの例を示しました。ベースライン期における随伴性を推定して描いたものです。以下、この図の作成手順を説明します。

ただし、実際には、図を視ながら考え、描き足し、またそれを視て修正したり、削除したりして、描き進めます。一回で完成するものではありません。描きながら考え、描けたものを視

図４－３　なぜポテチを食べてしまうのか：現状のＡＢＣ分析

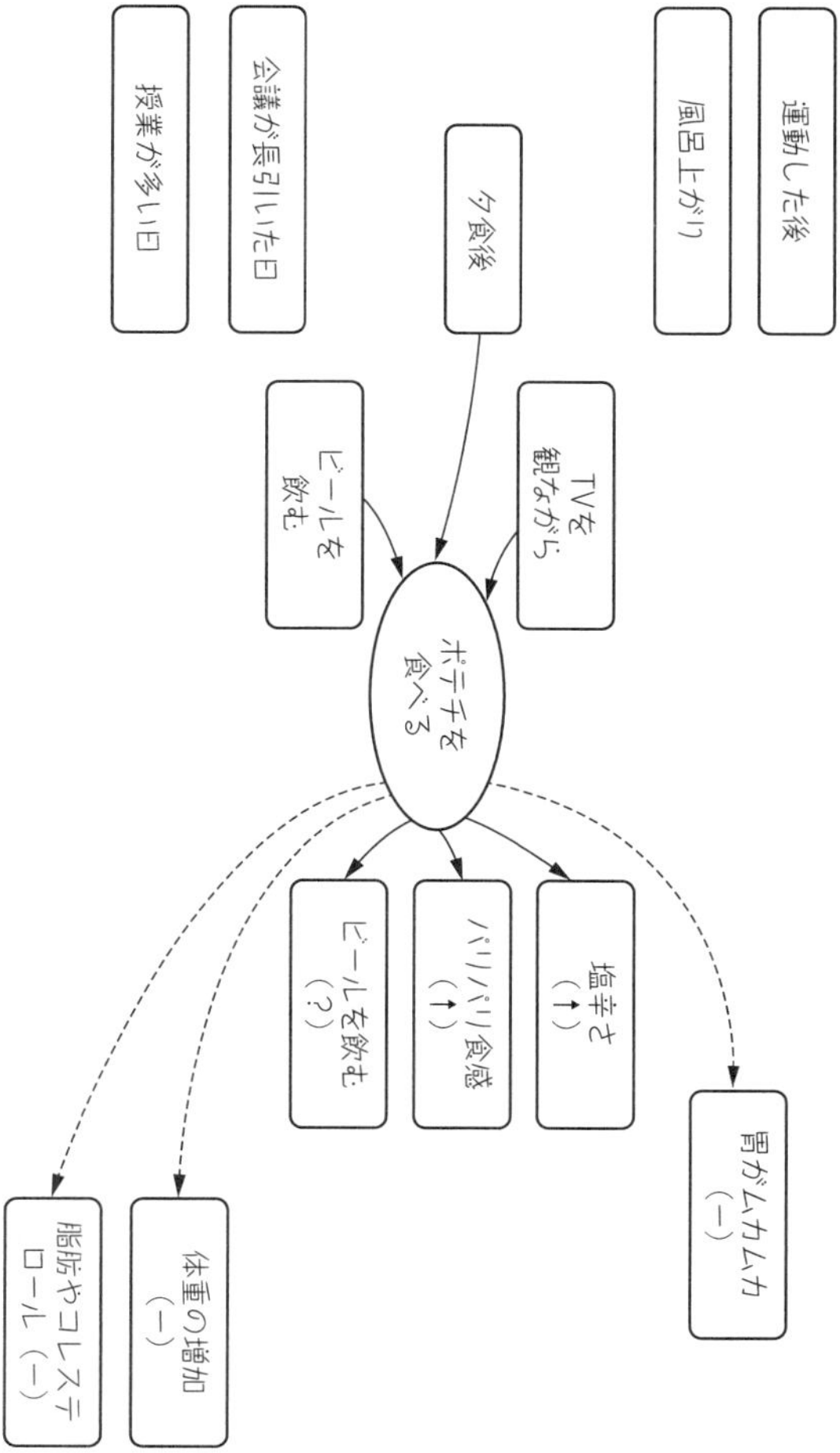

てまた考えて描いていきます。

まず、中央にポテトチップス（以下、ポテチ）を食べるという標的行動を書きます。次に、ビデオクリップ法を使って、その様子を思い浮かべながら、いつ、どんなときに、どこで、何がきっかけとなってポテチを食べるか（先行事象）考えます。

すると、「夕食後」「自宅で」「激しい運動した後」「風呂上がり」「ビールを飲みながら」「テレビを観ながら」といった先行事象が思い浮かびます。それらを図の左側に書き込みます。標的行動の直前の出来事は行動に近く、それより前の出来事は遠くに配置させます。また、ベースライン期のデータを読み取ると、大学での授業が多い日や会議が長引いた日にポテチを食べていることがわかるので、これらも図の左側に追加します。前述したように、データに存在する変動を手がかりに制御変数を探すのです。

次に、標的行動の後に何が起こるか（後続事象）を考えます。

これにもビデオクリップ法を使い、あたかもポテチを食べているように、想像上の五感を駆使して思い浮かべます。すぐに思いつくのが、塩辛さ、パリパリ感などの、味覚や食感に関わる出来事です。これらを図の右側に書き込みます。これらの後続事象は標的行動の直後に出現することで行動を強化していそうです。仮定法を用いて考えると、塩辛さがしなかったり、湿気てしまってパリパリ感がなかったりしたら、おそらくポテチを食べなくなると予想できるからです。だから、これらの出来事は好子として機能すると推察し、行動の将来の頻度を増加させるという意味で(↑)を付けて記入します。

さらに考えると、翌朝に胃がムカムカする、脂肪やコレステロールや体重の増加などの嫌子出現も思いあたります。これらの嫌子が出現するのは、行動が自発されてから、かなりの時間が経過した後です。それが目で視てわかりやすいように、中央の標的行動から右側に距離をとって書き込みます。ただし、これらの随伴性は標的行動の頻度には影響しないようです。そのことを表すため(−)を付けておきます。

さらにビデオクリップ法を続けると、ビールが目に浮かんできます。「ビールを飲む」は先行事象としても書き込みましたが、「ビールを飲んではポテチを食べ、飲んでは食べて、食べては飲む」を繰り返すわけですから、後続事象としても書いておくべきです。ポテチを食べることで塩分が摂取され、これが確立操作としてビールの好子としての価値を高めることは予想できます。でも、ビールが標的行動に対してどのような効果を持つのかはよくわかりません。効果がわからない場合は(?)をつけておきます。

先行事象の各項目から行動に向かって矢印で線を描き込みます。このとき、先行事象ごとに制御の強さや種類も考えてみます。制御の強さは、その先行事象が出現したときに行動がどのくらいの割合で自発されるかで推測します。たとえば、夕食後、自宅にいるだけで、標的行動が自発されることはほとんどありません。ですが、運動した後や会議が長引いた後にビールを飲みながらという条件が組み合わさると、かなりの確率で標的行動が自発されます。

制御の強さが目で視てわかりやすくなるように、図では線の太さで表現します。細い線は弱い制御、太い線は強い制御というように。

先行事象による制御の種類は大きく分けると、確立操作と弁別刺激の二つです。第二章で解説したように、確立操作は後続事象に好子や嫌子の機能を持たせる操作、弁別刺激はその刺激が提示されているときの方が提示されていないときよりも行動が強化される確率が高くなる刺激です。

最初に書き込んだ先行事象はすべて確立操作のようです。これらの出来事の有無に関わらず、味や食感は出現するからです。むしろ、こうした出来事がその夜の塩分や歯ごたえなどを、普段よりも強い好子として確立していそうです。

後続事象についても、標的行動からそれぞれの出来事に矢印線を引きます。制御が強そうな出来事は太い線で、弱そうな出来事は細い線を使います。(一)を付けた、ほとんど行動を制御しない出来事には破線を使ってもいいでしょう。

随伴性ダイアグラムの描き方について、詳しくは弊著『人は、なぜ約束の時間に遅れるのか――素朴な疑問から考える「行動の原因」』(光文社新書)をご参照下さい。

†随伴性ダイアグラムを解釈する

随伴性ダイアグラムはできるだけたくさんの出来事を考えて描きます。これが制御変数に違いないと思われる出来事が見つかると、そこで考えるのを止めてしまいがちですが、しつこく考え続けるようにします。自分にとって何が好子で何が嫌子なのか、自分の行動がどのような随伴性に制御されているのかをとことん考える機会です。

介入計画を立案する際に、そうして推測した複数の制御変数に対し、可能な限り対策を打っておくことで、介入が成功する確率を上げられます。介入の副作用を予測したり、予防することも可能になります。

介入計画を実行し、うまくいかなかったときには、またこの随伴性ダイアグラムに戻ってきます。あらかじめ介入対象とする変数の候補をできるだけたくさん用意しておけば、介入開始後の行動観察やデータ分析から、次に対象とする変数を見つけることが容易になります。随伴性ダイアグラムを描き終えたら、増やしたい行動の場合には標的行動が少ない理由、減らしたい行動の場合には標的行動が多い理由を解釈します。

†原因推定と介入立案の早見表

よくある構図を「原因推定と介入立案の早見表」(表4-1)にまとめました。増やしたい行動の場合は上部を、減らしたい行動の場合は下部を参照します。

まずはこの早見表の左側を使って、ダイアグラムに描き出した随伴性を一つひとつ解釈していきます。

早見表を使えば、じぶん実験で問題になることの多い原因の八割はおさえられます。じぶん実験を初めてやってみる人にとってはこれで十分だと思います。

行動分析学を学び、ダイアグラムを使って随伴性を推定する練習を繰り返していけば、残りの二割も捉えることができるようになります。

†早見表の読み方——行動が増えない理由

・好子が出現しないため強化されない

行動の直後に好子として機能する刺激や出来事が出現しない場合です。好子の確立操作がないか、不十分な場合もこれにあたります。

健康維持のためにジョギングをしても、走った直後に健康になるわけではありません。英会

表4－1　原因推定と介入立案の早見表

増やしたいのに増えないとき

原　因		介入
好子が出現しないため強化されない	→	好子を出現させる
嫌子が消失しないため強化されない	→	嫌子を消失させる
嫌子が出現して弱化されている	→	嫌子の出現を中止する（復帰）
好子が消失して弱化されている	→	好子の消失を中止する（復帰）
塵も積もれば山となる型	→	効果のある随伴性を追加する
天災は忘れたころにやってくる型	→	効果のある随伴性を追加する
好子の思いこみ	→	確実な好子を使う
他の行動が強化されている	→	他の行動を好子に使う
行動レパートリーが獲得されていない	→	行動レパートリーを形成する
望ましい行動を引き出す先行条件がない	→	先行条件を追加する
望ましい行動を引き出す先行条件が不明確	→	先行条件を明確にする

減らしたいのに減らないとき

原　因		介入
好子が出現して強化されている	→	好子の出現を中止する（消去）
嫌子が消失して強化されている	→	嫌子の消失を中止する（消去）
塵も積もれば山となる型	→	効果のある随伴性を追加する
天災は忘れたころにやってくる型	→	効果のある随伴性を追加する
嫌子の思いこみ	→	確実な嫌子を使う
望ましくない行動を引き出す先行条件がある	→	望ましくない行動を引き出す先行条件をなくす

話の勉強のためにと洋画を観ても、何を言っているかわからなければ行動は強化されません。ギターの練習をしたら自分へのご褒美としてケーキを食べることにしても、ふだんケーキを我慢しておかないと、ケーキは好子として機能しないかもしれません。

・嫌子が消失しないため強化されない

行動の直後に嫌子として機能する刺激や出来事が消失しない場合です。嫌子の確立操作がないか、不十分な場合もこれにあたります。

「部屋を片付けなさい」と言われ続けるので部屋を片付けているのに、「まだ片付いていない」、「そこにゴミが落ちている」、「本棚が整理できていない」などと言われ続けると、片付け行動が自発されなくなるのがこれにあたります。小言を言われるという嫌子が片付け行動によって消失せず、片付け行動が消去されてしまうからです。

・嫌子が出現して弱化されている

行動の直後に嫌子として機能する刺激や出来事が出現する場合です。

腕立てをすると腕が痛くなる、腹筋をすると腰が痛くなるなど、痛みの出現によって行動が弱化されることがあります。友達を増やそうと、あまり話をしたことがない人に話しかけたら迷惑そうな顔をされたりして、行動が減ることもあるでしょう。

・好子が消失して弱化されている

行動の直後に好子として機能する刺激や出来事が消失する場合です。

行動を増やそうとすると、それ以前にやっていた別の行動をする機会がなくなることがあります。外食を減らし、自炊を増やそうとすると、買物や料理をすることで、その時間にできていた他のことができなくなるのはこの一例です。「忙しくてできない」と言い訳したくなるときには、標的行動と両立しない別の行動随伴性が背景にあることが多いです。

・塵も積もれば山となる型

後続事象は十分な大きさの好子だけれども、一回一回の行動の直後には出現せず、行動の累積によって好子が出現する場合です。

シェイプアップで水泳を始めても、二五メートルのプールを一往復泳いだだけでは出っ張ったお腹がへこむことはありません。それでも二五メートルのプールを毎日一〇往復、一か月続けて泳げばお腹がへこむような場合がこれにあたります。

「やればいいことはわかっているのに、なかなかできない」と言いたくなるときには、ダイアグラムにこの随伴性を探してみて下さい。

・天災は忘れた頃にやってくる型

後続事象は十分な大きさの嫌子だけれども、嫌子が出現する確率が極端に低く、嫌子出現を回避する行動が自発されず、強化もされない場合です。

タクシーに乗ると後部座席でもシートベルトをするように案内が流れるけれど、行動が引き出されにくいのはこの一例です。パソコンのデータをバックアップしてなかったことを後悔するのは、パソコンが壊れた後というのも同じです。

塵も積もれば山となる型と同様に、後続事象がどんなに重大で、行動と後続事象の間に随伴関係があっても、行動には影響しにくい随伴性です。「やらなくちゃならないことはわかっているのに、なかなかできない」と言いたくなるときには、ダイアグラムにこの随伴性を探してみて下さい。

・好子・嫌子の思いこみ

行動の直後に好子が出現していると思っているが実は好子として機能していない場合や、行動の直後に嫌子が消失していると思っているが実は嫌子として機能していない場合です。

仕事関係の専門誌を読むことで得られる新しい知識は好子として機能するから、雑誌を買っておけば、それを読む行動は引き起こされるはずだと思うのに、雑誌は読まれぬまま積み重なっていくのであれば、新しい知識が好子として機能していないからなのかもしれません。

好子や嫌子は刺激や出来事が行動を増やす機能です。「好き」と思うことが好子として、「嫌い」と思うことが嫌子として機能する可能性は高いですが、同じことではありません。「好き」だと思うことすべてが好子として行動を強化するわけではないからです。もしそうなら、行動の後に好子が出現しているのに行動が増えないときには、「好子の思い込み」を疑いましょう。

・行動レパートリーが獲得されていない

随伴性はあるのに、標的行動がまだ習得されておらず、自発できないため、強化されない場合です。

部下の良いところを見つけて褒めて伸ばそうと決めても、何と言って褒めればいいのかわからなかったり、台詞の棒読みみたいに不自然になってしまう場合などはこの例です。英会話やスポーツなど、新しい技能を習得する必要がある目標には、ここが関わってきます。

・望ましい行動を引き出す先行事象がない

行動レパートリーはあり、行動を自発すれば強化されるが、強化される機会に制限があり、でもその機会を知らせる弁別刺激がなかったり不明確だったりする場合です。

たとえば、周りから「陽気な人」だと思われたくて、冗談を言うのだけれど、時と場所をわきまえない発言をしてしまって、評判を落としてしまいがちな場合は、ここに原因があるかもしれません。冗談を言えば受けるときの弁別刺激やひかれて冷笑されるときの弁別刺激がないか曖昧な場合です。

†早見表の読み方――行動が減らない理由

標的行動を減らしたいのに減らない原因は、増やしたい行動が増えない原因と表裏一体です。ほとんど共通していますので、解説は最小限にします。

・好子が出現して強化されている

減らしたい行動の直後に好子が出現して強化されている場合です。ケーキを食べるのを止めようと思っているのに、甘さが好子として出現して食べる行動を強化しているのはこれにあたります。

・嫌子が消失して強化されている

減らしたい行動の直後に嫌子が消失して強化されている場合です。部下を怒鳴るのは止めたいのに、へらへらしている部下を怒鳴ると、へらへらした表情が消えるため強化されてしまっているような場合です。

・塵も積もれば山となる型

後続事象は十分な大きさの嫌子だけれども、一回一回の行動の直後には出現せず、行動の累積によって嫌子が出現する場合です。ポテトチップスを食べ続けたら、いずれメタボになってしまうとわかっていても、一口食べたからといって急に太るわけではないので弱化されないというのはこの例です。
・天災は忘れたころにやってくる型
後続事象は十分な大きさの嫌子だけれども、嫌子が出現する確率が極端に低く、嫌子出現による弱化が作用しない場合です。歩行者用信号が点滅しているときでも横断歩道を渡りだしてしまうのは、事故にあう確率が低いので、この危険な行動が弱化されないためです。
・好子・嫌子の思いこみ
行動の直後に嫌子が出現していると思っているが、実は嫌子として機能していない場合。または、行動の直後に好子が消失していると思っているが、実は好子として機能していない場合です。電車の中で化粧をしたり、食事をしたりといった行動は、周りの迷惑気な視線が嫌子として働いて弱化されるはずだと思われても、中にはそういう社会的な刺激が習得性嫌子として機能する学習をしていない人がいる、つまり迷惑顔を気にしない人たちはこの例です。
・望ましくない行動を引き出す先行事象がある
ある場面で、ある先行事象に対して自発することで強化されてきて、今でも強化されている行動が、他の場面では不適切な行動になってしまうのに、これまで強化されてきた先行事象による制御がとても強く、自発されてしまう場合です。友人とのゴルフでミスショットをしたときの「ちくしょう」は許されても、仕事の接待ゴルフで同じ行動は許されません。なのに、思わず「ちくしょう」と口にしてしまうのはこの一例です。

✝ダイアグラムに早見表を当てはめる

実際に、私の例を使って、早見表の使い方をさらに解説します。「ポテチを食べる」は減らしたい行動なので、表の下半分を使います。随伴性ダイアグラムに書き出した各項目が早見表のどこにあてはまるかを考え、解釈できたら、それをダイアグラムに追加していきます（図4－4）。

塩辛さや歯ごたえについては、「好子が出現して強化されている」となります。そして、これらの出来事を強力な好子にしている確立操作が「激しい運動後」や「会議が長引いた」「ビールを飲みながら」なのだと推定します。

脂肪やコレステロール、体重の増加などの嫌子は、ポテチを週に何回も食べることで、数か月後に出現します。健康診断で医者から警告されるほど肝脂肪値やコレステロール値が上昇したり、それまで穿けていたデニムが窮屈になったりするわけです。これは間違いなく「塵も積もれば山となる型」です。

・介入計画を立てる

行動が増えない原因や減らない原因を随伴性ダイアグラムで推定したら、増やしたい行動を

図4－4　なぜポテチを食べてしまうのか：現状のＡＢＣ分析（解釈）

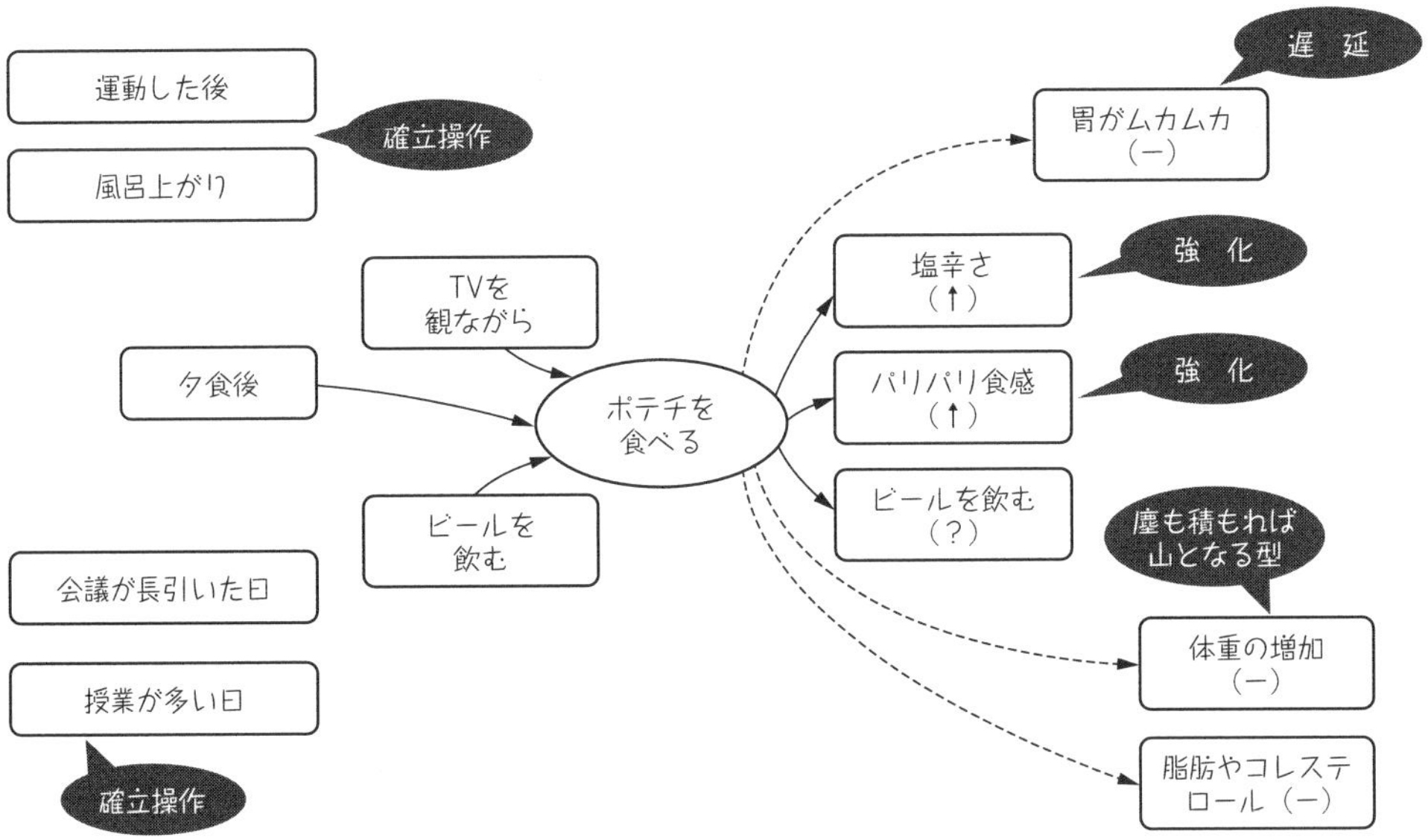

増やし、減らしたい行動を減らす介入を考案します。

図4－5が介入計画を立てるのに使ったダイアグラムです。現状の随伴性と同じところは色を薄くしてあります。

現状の随伴性をすべて変える必要はありませんし、変えられない随伴性も存在します。たとえば、食べ過ぎると胃がムカムカしたり、脂肪やコレステロールが増えたり、体重が増えることは変えられません。

まず、標的行動を弱化する随伴性が見当たらなかったので、新しく追加することにしました。これまでの話から明らかですが、私にとってビールやポテチは好子です。ですからこれを活用して、ポテチを食べる（行動）と、飲み会で飲めない（好子出現阻止）という、阻止による弱化を使うことにしました。そして、このために週末に飲み会を予定するという先行事象を追加しました。ただし、飲み会は週末ごとですから時間差があり、これは弱化擬《もどき》になります。

飲んだり食べたりするのを減らそうとしているのに、飲み会を計画するというのは何だか矛盾しているようですが、この時期、私はほぼ毎日飲んでいましたから、総量を減らせればいいと考えたのです。

平日に自宅でビールを飲みながらポテチを食べたら、週末の飲み会ではビールは飲まずウーロン茶を飲む。これが介入です。

図4－5　どうすればポテチをやめられるか：介入のＡＢＣ分析

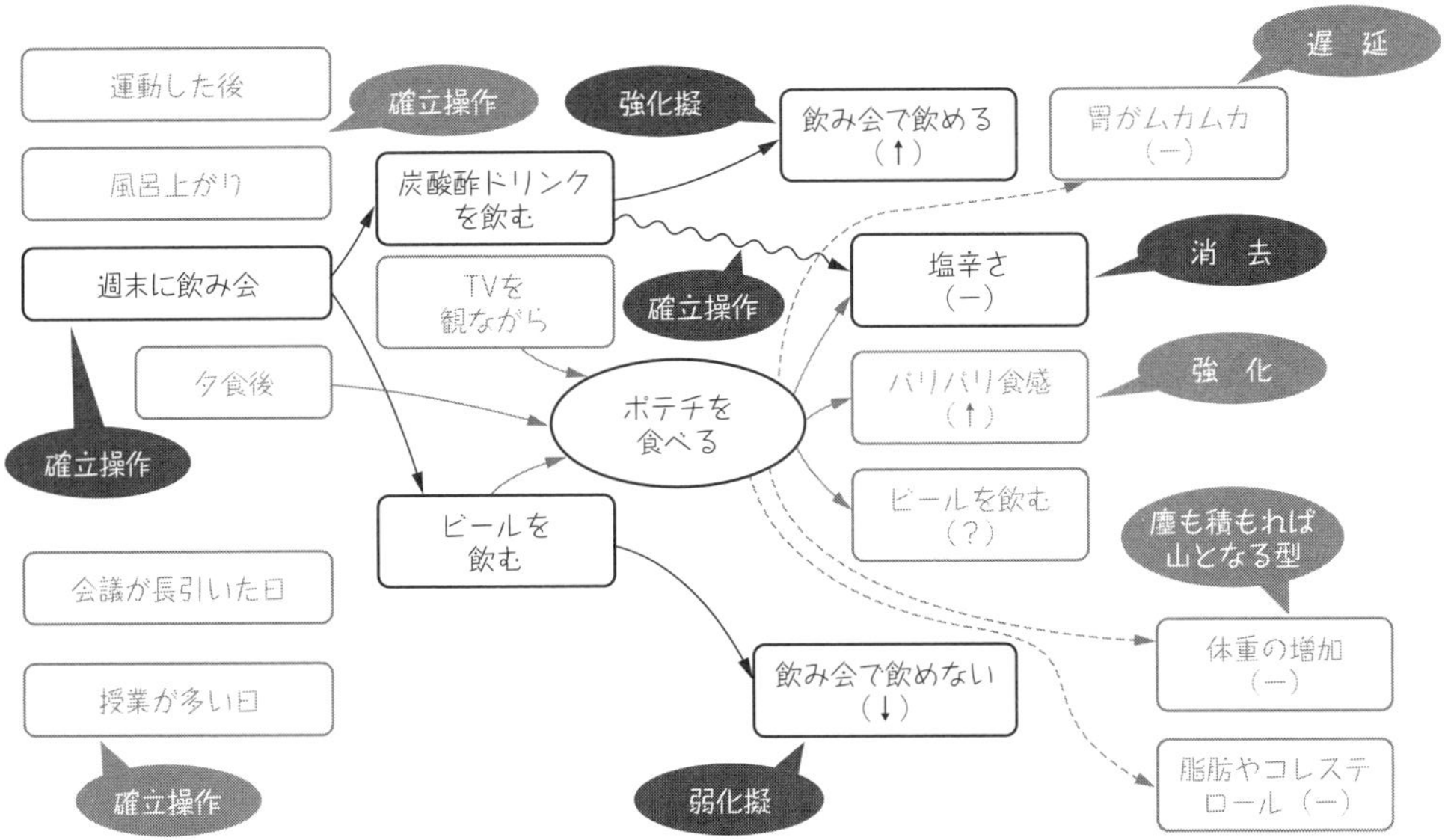

いくつか補足すべき点があります。一つめはポテチを食べてはいけないというのは介入ではない点です。食べてもいいのです。ただ、そのときには週末、友達とワイワイ飲むときに一人だけウーロン茶となります。強制ではなく選択制になっているところが肝心です。

二つめは副次的な随伴性の追加です。風呂上がりにビールが飲みたくなったときの代用品として、米酢などを炭酸水で割った酢ドリンクを常備することにしたのです。他にも、ジンジャーエールとか、牛乳とか、色々試してみましたが、喉ごしの良さという好子が出現し、かつ、それを飲んでいるとポテチが美味しく感じず、ポテチを食べる行動が消去される効果が期待できそうなものを選びました。

風呂上がりでビールを飲みたくなるときに、酢ドリンクを飲むことで、週末の飲み会ではビールが飲めます。ここには時間差がありますから強化擬《もどき》ではありますが、毎週必ず飲み会を設定すればルール支配行動として間接的に行動に影響するだろうと予測しました。

†介入の成功失敗を分けるカギ

ここで重要なのは、現状の行動随伴性における原因と介入の行動随伴性における解決策が対応していることです。たとえば、増やしたい行動が増えない原因が、その行動を強化する好子が出現していないと推測しているのに、解決策が「心を入れ替えて頑張る」では原因に対応しているとはいえません。対応させるには、標的行動を強化する好子を出現させる随伴性を追加する必要があります。

自己実現を謳い文句にした自己啓発書の多くは、残念なことに、こうした解決策にあふれています。「心を入れ替えて頑張る」や「気持ちをリセットする」、「安らかな心を保つ」などは、そもそも何をどうすればいいのかさえわかりません。「気持ちをリセットする」ために「一人旅に出かける」と具体化しても、一人旅から戻ったときの随伴性が変わっていないのなら、行動は変わりません。

じぶん実験で変えようと願う標的行動の多くは、各自が長年変えようとして、でもなかなか変えることができなかった行動です。変えられなかった理由が随伴性にある限り、随伴性を変えないと行動は変わらないのです。

それでは、どのようにすれば、原因と介入を対応させることができるでしょうか。随伴性ダイアグラムを描き、早見表を使えば、最初の段階はそれほど難しくありません。

たとえば、増やしたい行動が増えない原因が「好子が出現しないため強化されない」のならば、標的行動の直後に好子を出現させることが介入になります。減らしたい行動が減らない原因が「望ましくない行動を引き出す先行事象がある」なら「望ましくない行動を引き出す先行事象をなくす」になります。自明の理、シンプルです。

次の段階は少々難易度が上がります。早見表で示されるのは、随伴性をどのように変えるかだけです。介入計画を立てるには、随伴性を具現化しなくてはなりません。

健康維持のためのジョギングは塵も積もれば山となる型の典型例です。走った直後に健康になるわけではありません。ですから何か別の好子を出現させる方法を考えることになります。ジョギングする行動を強化するのにどのような好子が使えるだろうか、という問題を解くことになります。そのためには「あなたにとって何が好子か」「あなたにとって何が嫌子か」を考えます。思いつきにくいようなら「何のためならジョギングを頑張れるだろうか?」と自問します。ジョギングをしたらカレンダーに丸をつける。それだけでも頑張れる人はいるかもしれません。ジョギングした後には彼氏彼女にメールして褒めてもらう。それでうまくいく人もいるかもしれません。友達に一万円預けておき、ジョギングするたびに五百円返してもらう。ジョギングしなかったら、そのぶんを活動方針に賛同できない団体に寄付してもらう。ここまでしないと、走らない人もいるかもしれません。

介入計画を立てる時点では、こうした随伴性の変化で行動が変わるかどうかは「仮説」に過ぎません。介入計画を実行して、行動が変わるかどうかを確かめるのが、じぶん実験です。行動が変われば、それで目標は達成され、かつ、あなたのその行動を強化できる好子や嫌子がわかります。自分理解が一つ進むことになります。

行動が変わらない場合、まず、その随伴性では変わらないということがわかります。これも自分理解です。そして、次の仮説を立てて介入を試してみます。行動が変わるまで仮説と介入を繰り返せば、目標も達成され、繰り返したぶんだけ自分理解が深まります。

†随伴性を変える

介入計画を立てる時点でよくある間違いを紹介しておきます。一つめは、解決策を考えただけで随伴性を変えたつもりになることです。増やしたい行動が現状ではほとんど自発されていないときに起こりやすい間違いです。

たとえば、ダイエットを目標にしているときにジョギングすることを介入としてしまう間違いです。ジョギングすれば痩せる。太っているのが嫌子なので、ジョギングする行動は嫌子消失によって強化されるはずと思い込んでしまうのかもしれません。現状でもジョギングすれば痩せるわけで、これはすでにそこにある随伴性なのです。しかも、三〇分ジョギングしてすぐにお腹がへこむわけではありません。外見や体重への影響は塵も積もれば山となる型ですから、行動には影響しない随伴性です。もし影響するのなら、ダイエットしたい人たちは皆ジョギングに精をだしているはずですが、そうでもないですよね。

「ジョギングしたら、汗をかいて気持ちがよい」とか「ジョギングしたら、シャワーをあびてさっぱりする」も同じです。ジョギングしても汗をかかない人やシャワーを浴びない人でない限り、すでにそこにある随伴性です。

行動は随伴性を変えないと変わらない。これを忘れないようにするため、介入計画を立てるときには、現状の行動随伴性ダイアグラムと介入の行動随伴性ダイアグラムを対にして、どこをどのように変えるのか目で視てわかるように工夫しましょう。

†社会的随伴性で介入計画の実行をサポートする

介入を開始してからも、ベースライン期と同様に記録を取り、グラフを描き続け、介入の効果を評価します。介入計画を実行する上で注意すべきことは以下の通りです。

・少なくとも四、五回は測定を続ける（原則）

即時に効果が出て行動が目に見えて変わる場合と、効果が出るまでしばらくかかる場合があります。いずれにしても、介入開始後の水準、傾向、変動が読み取れるように、四、五回は測定を続けましょう。

・計画通りに実行する行動を強化する仕組み

じぶん実験における最難関は、計画通りに介入を実行することです。特に、随伴性の操作を自分で行う介入では、ここが失敗の危険度が最も高いところになります。

先の私の例でいえば、平日にポテチを食べ、カレンダーの飲み会のところに「×」をつけたのにもかかわらず、いざ飲み会に参上すると、ビールを頼んでしまうという失態です。その対策は、計画通りに実施するように「心がける」ではもちろんありません。計画通りに実施できないのは「意志が弱い」からで、だから「心を入れかえて頑張ります」などと、元の木阿弥にならないようにして下さい。

最難関を乗り越えるには、やはり随伴性です。たとえば、私の場合、飲み会で最初の一杯にウーロン茶を注文するときに、その理由を友達に説明し、その後の協力を求めます。一杯めは我慢できても、しばらくするとどうしてもビールが飲みたくなることが予想できるので、もし注文しそうになったら「言行不一致だぞ!」と指摘してもらうように頼むわけです。つまり、注文行動を弱化する社会的随伴性を設定するのです。

飲み会なので友達も酔っていき、しばらくすると「そんなつまらないこと言ってないで、飲もうぜ」と、逆方向の圧力をかけてくることもあります。そうなりそうな友達と飲む場合、私は最初から車で飲み会に行くという手も使っていました。飲酒運転は厳罰化され、強い弱化の随伴性が作用しますし、都内で運転の代行を頼むと時間もお金も地方とは比較にならないほどかかりますので、これによっても強い弱化の随伴性が設定できます。

大学の授業でじぶん実験を受講生の課題にすると、八割以上の受講生が自分の行動を変えることに成功します。この話をすると、成功するのは授業の課題だからではないかとか、良い成績が欲しいからではないのかという意見をもらうことがあります。確かにそうなのです。

授業では行動の記録やグラフや随伴性ダイアグラムなどを宿題にして提出させ、これらも成績の一部にしています。期末に提出するレポートはじぶん実験の報告書であり、これも成績の一部です。行動が変容したかどうかは評価の基準になっていませんが、こうした学習環境が、自分の行動を変えるための最難関課題である、随伴性操作に影響していることは間違いないところです。

授業を受けているときでないとうまくいかないのなら意味がないと思われるかもしれませんが、そうではありません。必要なのは、授業を受けているときと同等の随伴性を設定することだからです。

最近はブログやTwitter（ツイッター）、Facebook（フェイスブック）など、インターネットを介した社会的随伴性が日常化しています。たとえば、ツイッターでじぶん実験についてつぶやき、その経緯や成果を報告し、友達からコメントをもらうことで、介入を計画通りに実施する行動を強化する仕組みが作れます。私も本の執筆やダイエットなどに、ブログやツイッターを使ったことがあります。

インターネットの社会的随伴性を使ってセルフマネジメントを支援するサービスも存在しま

す。行動経済学を専門とするイエール大学のディーン・カーラン教授らが始めたサイト、スティックドットコム（http://www.stickk.com/、目標が達成できなければ、あらかじめ決めた相手にある金額を寄付するという契約を自分と結ぶシステム）や、デビッド・アレン氏が提唱したGTD（Getting Things Done、ゲッティング・シングス・ダン）というワークフロー管理法の考え方を活かした各種ソフトウェアやアプリ、たとえばDoit.im（http://doit.im/ja/）などはよく知られています。

私もダイエットや学習を支援するウェブサービスの開発に監修者として関わったことがあります。中でもスタディプラス（http://studyplus.jp/）は受験生に最もよく使われている学習支援アプリの一つとなっています。

†記録を視覚化し、評価する

介入期もベースライン期と同じように、記録したデータを折れ線グラフとして視覚化します。ベースライン期、介入期を別々のグラフにしてはいけません。一つの連続したグラフとして作成します。

図4-6は私のグラフです。ベースライン期の折れ線と介入期の折れ線はつなぎません。その方が両者を見比べやすいからです。そして、ベースライン期の折れ線と介入期の折れ線を分

図4－6　ポテトチップスを食べる行動の変容

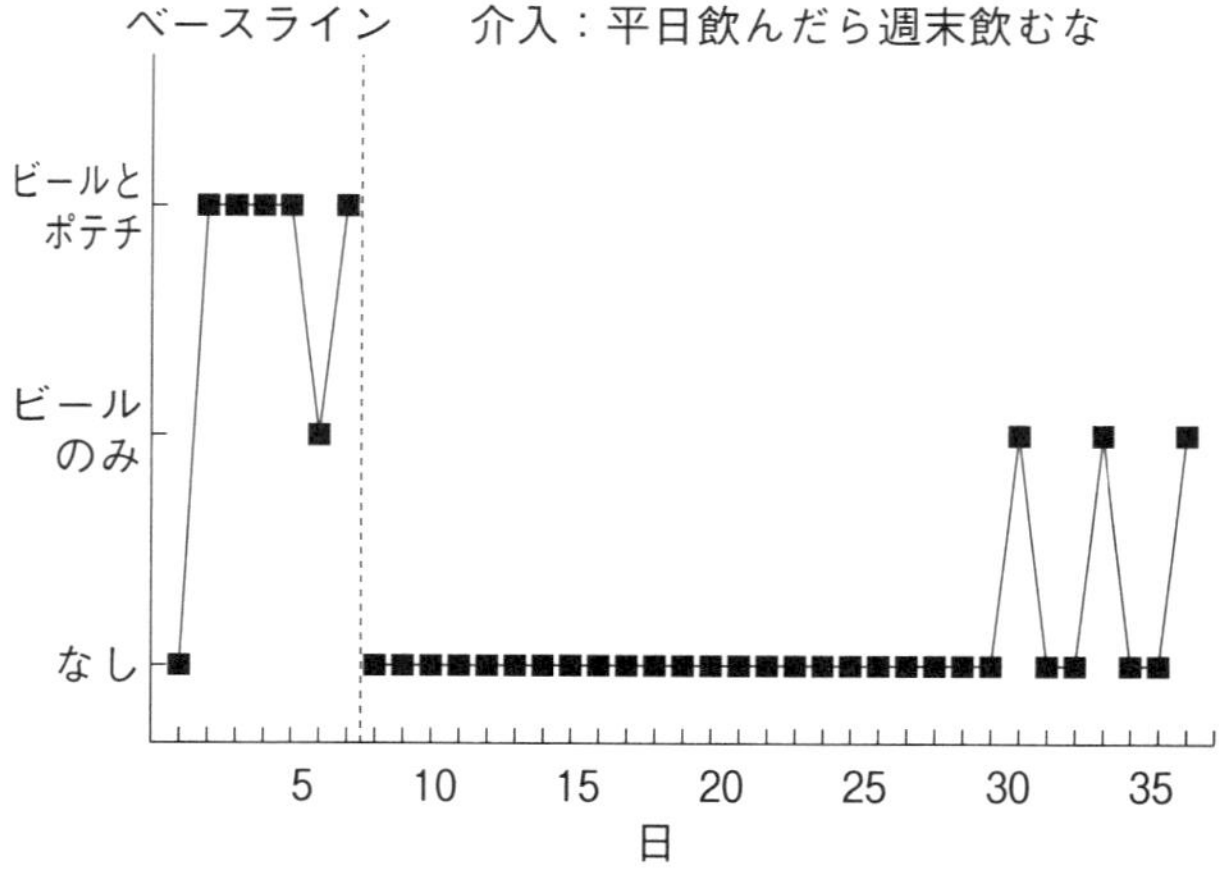

けるところに縦の点線を引きましょう。これでさらに左右の折れ線を見比べやすくなります。これを「条件変更線」と呼びます。

図の上部には各期の名称を記入します。どのような条件でどのようなデータが得られたのかをわかりやすくするためです。このため介入期の名称は、どのような介入だったのかがわかるように命名しましょう。

このじぶん実験では、自宅で飲んだ缶ビール一本で一点、ポテチで二点、その他のおつまみで二点というように点数化していたのですが、ここでは簡略化して、ビールを飲んだかどうか、ポテチも食べたかどうか、どちらも食べず・飲まずだったかの三つに再分類してグラフを描きました。このように、その方がわかりやすいのなら、グラフの縦軸を数字ではなく種別や項目にしてもかまいません。

縦軸がゼロのデータ（ここでは「なし」のデータ）がたくさんあると、折れ線と横軸が重なってしまい、読み取りにくくなります。その場合には縦軸が横軸と交差する位置をずらせば、この図のように折れ線が浮き上がって表示されるようになります。

リアルタイムで作図をし、必要に応じて傾向線を描き入れ、データを評価します。ベースライン期と同じく、水準、傾向、変動を読み取ります。そして、条件変更線を挟んだ図の左側（ベースライン期）と右側（介入期）でこれらを比較し、介入によって行動が変化したかどうかを評価します。

私の例ですが、介入によって確かにビールとポテチを飲み食いする頻度が下がりました。絶大な効果と言ってもいいでしょう。しかし、図4－6を視るとわかるように、介入開始後三週間たつと、ビールを飲む日が出始めています。体重に関する目標が達成され、ここでじぶん実験を終了したので、この先の記録はありません。

同じ介入を続けていると効果がなくなってくることがあります。一般にはマンネリと言われますが、マンネリのせいで効果がなくなったと説明したら、第一章で解説した循環論の罠にはまってしまいます。

介入に短期的効果しかない場合にも、随伴性ダイアグラムに立ち戻ってその原因を推察しましょう。

私の場合、このじぶん実験の発端となった正月太りが解消し、ベースライン初期に比べて体重が三キロ近く減少し、目標体重に達しました。

もしかすると、介入初期には、体重計に乗るたびに体重が低下していることが好子となり、ビールではなく酢ドリンクを飲む行動が強化擬《もどき》で制御されていたのかもしれません。「今日もビール飲まなければ、また体重が五〇〇グラム落ちるに違いない」というルールによる制御です。ところが、体重が十分に低下し、体重低下に対する確立操作が効かなくなって、同じルールが機能しなくなったのかもしれません。あるいは酢ドリンクが飽和化したのかもしれないし、飲み会でビールを飲まずウーロン茶で盛り上がることが強化され、その事態を回避することが確立操作として機能しなくなったのかもしれません。

マンネリの一言で片付けてしまうと原因がわかりません。もちろん推測だけだと原因はわからないままですが、次に同じ介入を試み、今度はより持続した効果を必要とするときには、こうした考察が役立ちます。

†因果関係を調べるには

本書でご紹介しているじぶん実験の方法は、行動分析学のシングルケースデザインと呼ばれる研究法のうちの「ＡＢ法」にあたります。ＡＢ法のＡはベースライン期、Ｂが介入期を示し、両者を比較するという最も単純な実験計画法です。

単純なだけに、この方法からわかることには制限がつきます。ベースライン期と介入期のデータを比べて、水準、傾向、変動に違いがあるかどうかはわかります。ただし、それが介入によって引き起こされた変化であると断定することはできません。介入と行動変容の間に因果関係があるかどうかは結論できないということです。

私の例であれば、もしかすると介入を始める前の晩に急に虫歯が痛むようになって、何も食べられなくなったのかもしれません。ビールの価格が急騰したのかもしれませんし、家族が大事件に巻き込まれ、ビールを飲んでいるどころではなくなったのかもしれません。

介入以外で行動に影響しそうな変数を「剰余変数」と呼びます。因果関係を示すためには、剰余変数の影響をできるだけ排除する必要があります。

行動分析学では、剰余変数を排除するために様々な実験計画法が開発されています。詳しくは参考文献をご参照下さい。

ところで、剰余変数の影響を取り除いて、因果関係を調べるメリットはなんでしょう。

一つは理解の正確さです。じぶん実験では随伴性を推定し、それにもとづいて介入を考え、その効果を検証します。介入が予想通りに行動を変容させることになれば、随伴性の推定が正しかった可能性が高まります。ただ、剰余変数が排除されないままだと、それは可能性に過ぎなくなり、正確な理解が先送りされることになります。

二つめは思い込みの予防です。剰余変数が標的行動に影響している可能性すら気づかないでいると、本当は効果のない介入を効果があるものと思い込んでしまいます。もしかすると行動変容に不必要な介入を知らずに続けてしまったり、他の人に勧めてしまうかもしれません。

行動分析学の研究が剰余変数を排除できる実験計画法を用いることには、科学として行動の制御変数に関する理解の精度を高め、研究からわかったことを応用するときの効率性を高めるという二つの意義があるのです。

†再現と系統的再現

じぶん実験では、精密な実験計画法を使ってまで因果関係の証明にこだわる理由はなさそうです。でも、自己実現と自己理解を深めるという意味では、他にできることがあります。それは再現による検討です。再現とは、一つの実験からわかったことを、繰り返すことです。

たとえば、マラソン大会に参加しようと決意したのに練習がままならないときに、毎日走る距離の目標を決め、どのくらい走ったかをフェイスブックで報告し、マラソン仲間から「いいね」をもらうことで、目標達成できたとします。大会後、次の大会に向けて練習しようと思っていたのに、またサボりがちになったら、再度フェイスブックを使ってみます。それで初回と同様に、毎日の練習ができるようになったら、フェイスブックの「いいね」によるマラソンの練習支援の効果が「再現」でき、因果関係の証明に一歩近づいたことになります。

前回と違って目標が達成できなかったら、随伴性ダイアグラムに戻って原因を推定し、介入計画を改善します。この場合、再現は失敗したことになりますが、失敗で終わらせず、行動が変容するまで改善を続けることで、最終的には何が行動を変える制御変数なのか、そして前回うまくいったのはどのような剰余変数によるものだったのか情報を得ることができます。成功の確率を上げながら、自己理解の精度も高めていくことができるわけです。

再現の適用範囲を拡張することもできます。マラソンの練習にフェイスブックが有効だとわかったら、ギターの練習や自炊行動を増やすのに使ってみてもいいかもしれません。フェイスブックではなく、ツイッターやＬＩＮＥ（ライン）などを使ってみて同様の効果が得られるかどうかを試してもいいでしょう。

このように、前回のじぶん実験と条件を一部変更して行う再現を「系統的再現」と言います。系統的再現が成功すれば、前回のじぶん実験でわかったことが拡張されます。より普遍性を持つようになると言ってもいいでしょう。自己理解の精度がさらに高まるだけではなく、わかったことの適用範囲が広がることになります。

反対に、系統的再現に失敗すれば、前回のじぶん実験でわかったことの適用範囲が限定されます。失敗後、随伴性ダイアグラムに戻って原因推定し、随伴性を変えて成功するまで繰り返すことで、新しい条件で行動を制御する変数がわかってきます。つまり、どちらに転んでも、自己理解の精度は向上し、自己実現にも近づくことになります。

あなたのじぶん実験でわかったことを、他の人が再現してみることもできます。逆に、他の人のじぶん実験でわかったことをあなたのじぶん実験で再現してみることもできます。系統的再現が成功すれば、その介入の適用範囲が広がりますし、失敗すれば、その介入は個人差の影響を受けることがわかり、さらに実験を繰り返せば、どのような個人差に影響されるのか、そしてその個人差を乗り越えるためにはどうすればいいのかもわかります。

ここまでいくと、じぶん実験の範囲を超え、「みんな」実験になります。行動分析学の学術的な研究と同等になるわけです。再現と系統的再現は、行動分析学の研究法の真髄の一つですが、この方法は目の前に変えたい行動があれば誰にでもできるという意味で、万人に開かれた研究法なのです。

†標的行動の妥当性を評価する

介入による標的行動の変容が確認できたら、照準成果を確認します。照準成果を標的行動や所産と同様に毎日測定できる場合もあるかもしれませんし、数日おきにしか測れない場合もあるかもしれません。いずれにしても、標的行動と照準成果の両方に意図した変化が見られたなら、その標的行動を選んだことは妥当であったと言えます。

標的行動が意図通り変わったのに、照準成果が変わらなかったのなら、その標的行動や目標値では不十分で、改善が必要であると言えます。

標的行動は変わっていないのに、照準成果が改善されていたら、標的行動以外の剰余変数の存在がうかがえることになり、もしかしたら標的行動の変容は必要なかった可能性も示唆されます。

こうした妥当性の評価もした上で、じぶん実験を終結するか、継続するかを決めることになりますが、その前に私の例をみてみましょう。図４－７は体重変化のグラフです。体重は減少し、照準成果が改善しているので成功例ではあるのですが、解釈は難しいデータです。

四分割法を用いて描き入れた傾向線からわかるように、体重はベースライン期でも減少傾向にあります。この間、標的行動は安定して自発されていますから、少なくとも体重減少と標的行動の関連性は低いと言わざるをえません。しかも、介入期の傾向線の傾きはベースライン期に比べて緩やかになってしまっています。標的行動の頻度はほぼゼロまで低下したのにも関わ

図4－7　体重変化（傾向線入り）

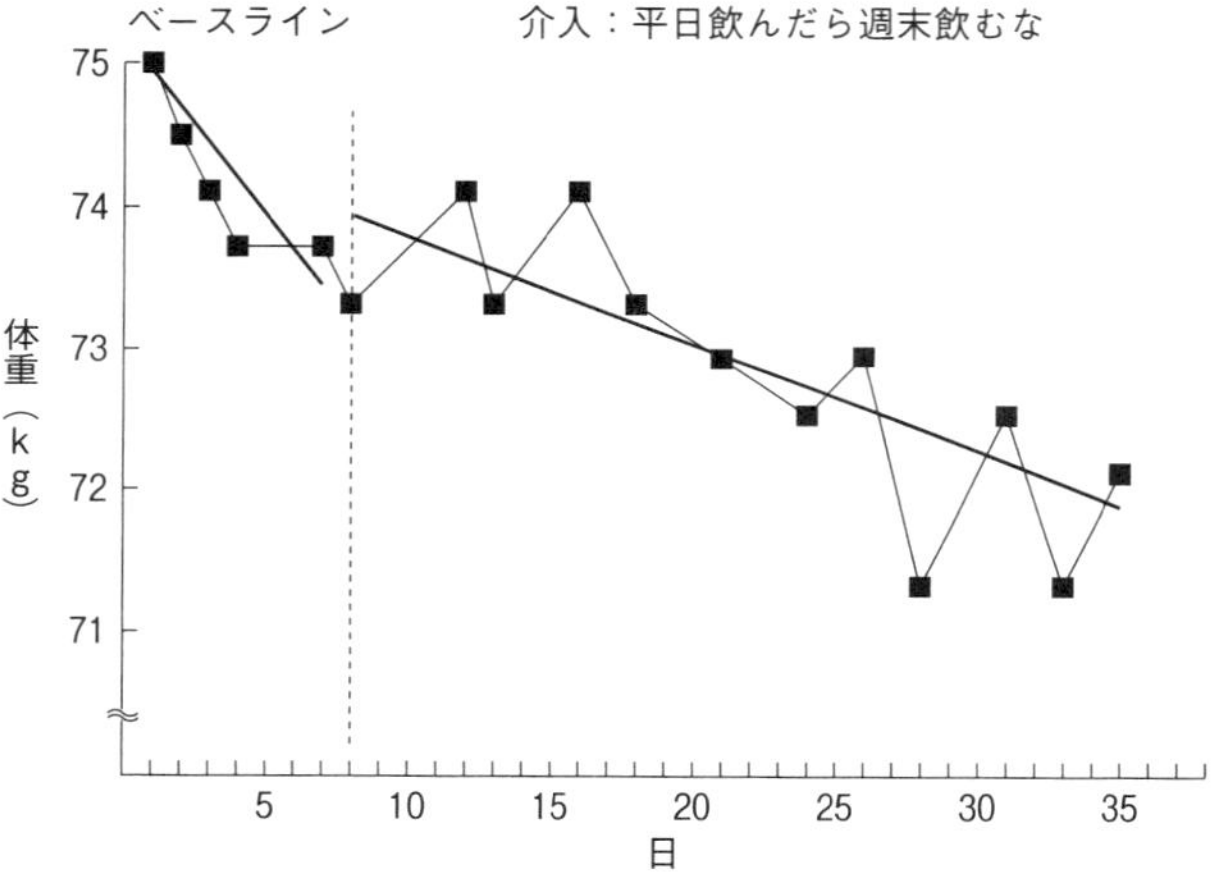

らずにです。

そもそもこのプロジェクトは正月太りの解消を目指したものです。年末年始の暴飲暴食により一時的に増えた体重が、食生活が通常に戻ることで減少していたと考えるのが自然のようです。このデータからは、ポテチを食べる行動を減らすことが体重低下にとって妥当性があるとは言えないということになります。

授業でじぶん実験の演習をすると、計画した通りに行動が変わることが「正解」で、変わらないのは「間違い」であると勘違いする学生が出てきます。ずっと真面目に勉強してきた優等生ほど、このような傾向があるようです。

実験というのはやってみないとわからないときにするものです。結果が確実にわかっていることなら、実験するまでもないし、やっても面白くありません。

結果が予想通りにならなかったときに、その理由を考え、うまくいくまで条件を変えて挑戦する。それが実験の醍醐味です。学期末の授業評価アンケートに、実験のこうした面白さに気づいたことや、実験することで自分や他人に対する考え方や発想が劇的に転換したことを感想として報告してくれる学生がいますが、教師冥利に尽きるというものです。

†介入計画を改善する

介入をいつまで続けるかについては、終了基準を事前に決めておき、これに達した時点で判断します。たとえば「標的行動の頻度が四日連続して目標を超えたとき」とか「標的としたパフォーマンスの最終三日間の平均値が目標値を下回ったら」などです。

行動が期待通りに変わらなかったときのために変更基準も決めておきましょう。たとえば、「標的行動の頻度が二週間経過しても目標を超えないとき」とか「五日間経過しても傾向が変わらないとき」などです。

行動が期待通りに変わらなかったときには介入期の記録を検分し、随伴性ダイアグラムに戻って、随伴性の推定を見直します。好子を出現させて強化を狙ったのに、その好子が思い込みの好子だったとか、十分な強化力がなかったとか、計画通りに介入を実施していなかったなどの原因推定をします。

PDCAサイクルは、Plan（計画）、Do（実行）、Check（評価）、Act（改善）を繰り返し、業務を継続して改善していく方法ですが、じぶん実験の考え方には、そもそもこのPDCAサイクルが組み込まれています。行動の記録にもとづき、行動随伴性を解釈に使い、サイクルを回しながら、自己理解と自己実現を高めていくものとお考え下さい。

介入しても行動が変わらなかったときには、まさかの後戻りで個人攻撃の罠にはまったり（「やっぱり私には才能がない」など）、解決策に飛びついたり（原因推定をせずに「こうなったら○○しかない」など）しないように注意しましょう。

うまくいかなかった原因を推定したら、それに対応するように介入を改善し、実行します。記録を取り続け、グラフで視覚化します。グラフには、新たに条件変更線を追加し、折れ線をつながず、右側に新しい折れ線をつけ足していきます。

図4‐8はウクレレの練習行動を増やすための私のじぶん実験の結果です。縦軸は練習時間の累積です。ハワイ旅行から帰ってきてウクレレと教本を購入し、しばらくは練習していたのですが、そのうちにお蔵入りし、一年以上さわっていませんでした。そこでじぶん実験をやってみることにしました。ベースライン期はゼロ行進です（図の左側）。

最初の介入はインターネットで自己学習できる有料レッスンを契約したことです。月額制な

図4－8　ウクレレ練習行動の変容

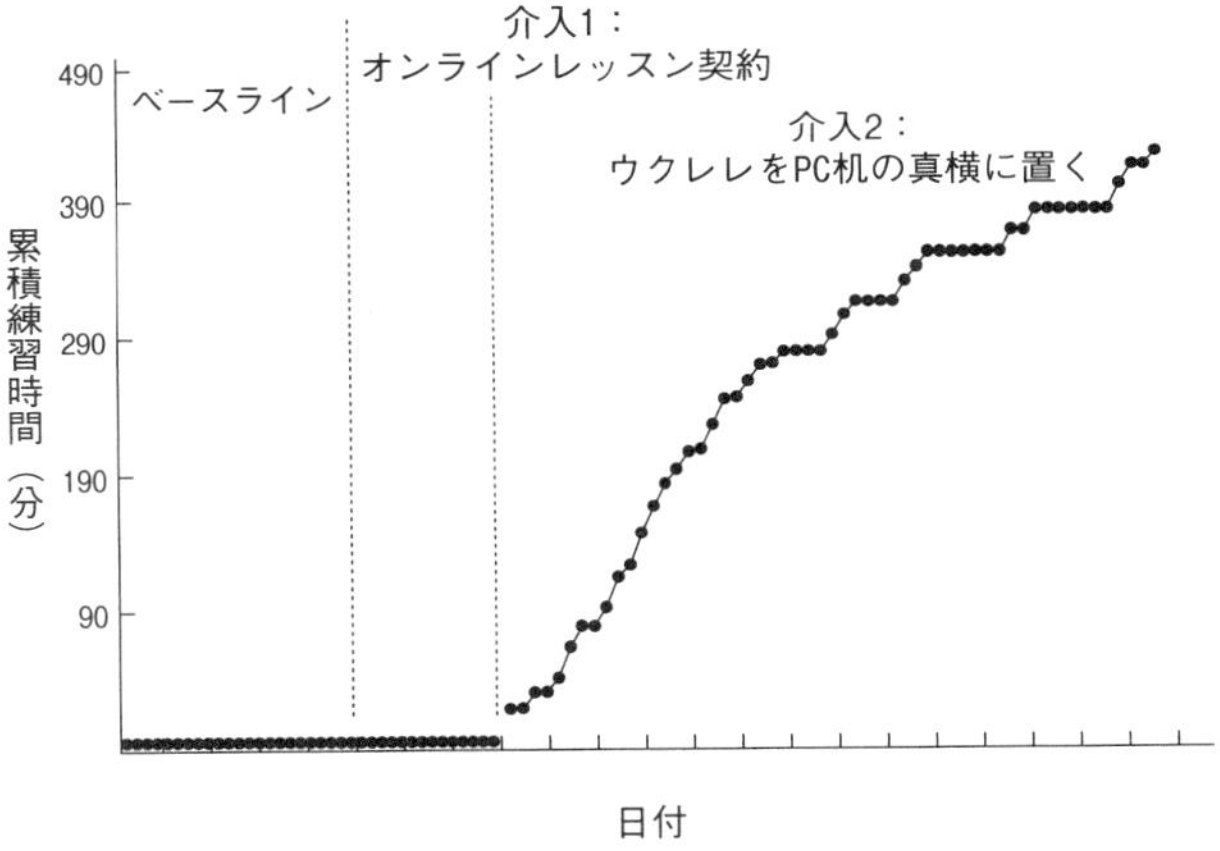

ので、練習しないと月謝が無駄になるという随伴性が練習行動を増やすと予想したのですが、まったく効果がありませんでした（図の中間部）。

そこで随伴性を再検討し、ウクレレを弾くたびに戸棚からケースを取り出し、ケースからウクレレを取り出すという行動コストが練習を弱化しているのかもしれないと推測し、ウクレレ本体をパソコンの机の真横に置くことにしました。すると、仕事の合間の五分とか一〇分とかといった短い時間ながら、練習する行動が自発されるようになりました（図の右側）。

ウクレレの位置を変えた後もオンラインレッスンは解約していないので、オンラインレッスンに関する随伴性は継続しています。二本めの条件変更線を短くし、オンラインレッスン契約の条件名を二つの介入につらねて表示することで、この変数は共通であることを視覚的に示しています。

　これは授業期間中に受講生と一緒に実施したじぶん実験です。学期が終わると同時に終了し、記録も取らず、グラフも描かず、それでもしばらくは練習が続いていましたが、一か月もしないうちに再び練習しなくなってしまいました。もったいないのでオンラインレッスンも解約しました。わかったことは、初心者の私にとってウクレレの練習は第二章でご紹介した修行のような練習の段階であり、きれいな音やメロディーが弾けて強化されるところまでは到達しておらず、何かしらの社会的強化随伴性が必要だということです。このため、現在は月一回の対面レッスンを受講していて、週に三、四回の安定した練習行動が自発されています。

　視力が低下して辺りがよく見えなくなった人が、コンタクトレンズをつけることで見えるようになったとします。よく見えるようになったからといって、もうコンタクトはいらないということにはなりません。

　それと同じで自分の行動が望んだように変わったからといって、介入をやめてしまったら行動が元に戻るというのは自然なことです。だから、じぶん実験でうまくいく介入を見つけたら、実験は終了しても、介入は続けるというのも手です。介入をやめてみて、それでも標的行動が維持できるかどうかを確かめてから判断するというのも、もちろんありです。

　介入を続けないと行動が元通りになってしまうなら意味がない、ということでもありません。

今までは、やろうと思ってもできなかった、やめたくてもやめられなかった行動が、いざとなったらどうにかなること、そしてどうすればいいのかがわかることは大きな前進です。

自分の行動の制御変数がわかったからといって（自己理解）、行動を変えなくてはならない（自己実現）ということでもありません。ポテチを食べる行動の制御変数がわかり、減らす介入がわかったとしても、その介入をするかしないかはまた別の話です。正確にはその判断（行動）の制御変数によります。

ときどき、せっかく効果的な介入を見つけたのにそれを続けられないなんて、自分はどこまでだらしないんだと個人攻撃の罠に戻ってしまう人がいますが、本末転倒です。じぶん実験は、自分の行動の制御変数を自分にではなく随伴性に見つける方法です。介入を続けることができないとしたら、それは介入を続けるために必要な行動を強化する随伴性が十分ではないということ。ただそれだけです。

行動分析学にもとづいたACT《アクト》（Acceptance and Commitment Therapy）というカウンセリングでは、随伴性が不十分な状態を、あきらめたり、手放しするという練習をしていきます。一般向けのワークブックも刊行されていますから、個人攻撃の罠に舞い戻りがちな方は、こうしたワークブックのエクササイズをやってみるといいかもしれません（スティーブン・C・ヘイズ、スペンサー・スミス『ACT《アクト》をはじめるセルフヘルプのためのワークブック』星和書店）。

†じぶん実験からわかったことをまとめる

じぶん実験からわかることとは、自分の行動の制御変数です。

どのような行動を、どのような随伴性が制御しているのか、好子や嫌子にはどのようなものがあるのか、行動随伴性がどのように変われば、それに応じて行動がどのように変わるのかなどです。

私の授業では、学生が授業の最後にじぶん実験のレポートを作成して、じぶん実験からわかったことをまとめています。

次の第五章ではこれまでに提出された数百通のレポートから、代表的なものを選び出しました。代表的というのは、うまくいったとか、よくできたという意味ではなく、じぶん実験を進める上でありがちな問題点を浮き出させるのにちょうど良いという意味です。

じぶん実験に取り組むときに陥りやすい間違えやつまずきやすい難所をわかりやすくお伝えするため、物語風にしました。第三章と同様、レポートの内容にもとづいているとはいえ、物語にまつわる設定などはレポートの内容を公表することに同意してくれた学生たち本人とは関係ない、私の創作であることをはじめにお断りしておきます。

第五章

広い「じぶん実験」の適用範囲

†じぶん実験それぞれの物語

この章では、じぶん実験の事例を一〇件、ご紹介します。私の授業を履修した学生さんが実際に行ったじぶん実験のレポートをもとに書いた「実データにもとづいた物語」です。私個人の事例も一つ含めました。

第四章で解説したように、じぶん実験はそれぞれが自分の目的を達成したり、問題を解決するために行います。実験の方法論は共通ですが、標的行動はその人次第です。増やしたい行動が増えない原因や、減らしたい行動が減らない原因、そしてそれを解決する介入も、推定方法や立案方法は共通ですが、何がうまくいくかは千差万別です。

ある人がダイエットに取り組んだじぶん実験でうまくいった方法が、そのまま他の人にも有効かどうかは、やってみないとわからないし、有効ではない可能性も高いのです。

そんなことなら、他の人の事例を読んでも役に立たないと思われるかもしれません。しかし、ここで学んでいただきたいのは、介入そのものではなく、うまくいく介入を見つけ出す方法と考え方です。

そのために、できるだけ多様な事例を用意しました。

また、各事例を紹介しながら、じぶん実験をしているときに犯しやすい間違いにもふれるようにしました。ここまで解説した手順を振り返りながら、理解を深めていただければと思います。

物語に集中して、じぶん実験の流れだけを掴むか、前の章に戻って専門用語について調べながら読むか。それぞれ求めるところに応じて読んでいただければ幸いです。

それでは、はじまり、はじまり。

†積年の癖を直す

自分には骨をならす癖があります。長時間、本を読んでいたりして、何となく気分転換したい時に、左手で右手の指を捻《ひね》ってポキポキとならしたり、首を強く傾けてボキッとならします。友達から気持ち悪がられることがあるし、ならしていると骨が歪《ゆが》むよと警告されたこともあります。何度もやめようと思いながら、これまではやめられませんでした。

そこで、骨をならす行動を標的行動として、じぶん実験に取り組みました。測定時間は起きている間ずっとです。骨をならしたらスマホのアプリでメモし、就寝前に、その日一日に骨をならした回数を集計し、記録用紙に書き込みました。

図5－1（176頁）からわかるように、骨をならす回数はベースライン期で六回から二〇回。自分的にはもっと回数が多いと思っていたので、少し意外でした。もしかすると、記録し始めることで回数が減ったかもしれません。

随伴性も推定してみました。肩については、同じ体勢でいて筋肉がこり固まってきたときに首をかしげて伸ばしてやると、それがほぐれることで強化されているのかもしれないと考えました。でも、指については、こる感覚がないのであてはまらなそうです。

もしかすると、長年この癖を繰り返してきたことで、骨がなる音が習得性の好子になったのかもしれません。音がなるまで指を捻り続けたり、肩をかしげたりする傾向があるのでそう考えました。「気持ち悪い」とか「うるさい」と言われるのが気になるのは確かですが、こういう人からの反応が、ときには注目獲得として、骨をならす行動を強化しているのかもしれません。

ベースライン期にスマホで記録しながら気づいたのは、本を読んでいるときや、授業中、レンタルした映画を家で観ているときなどに骨をならすことが多く、食事中や、歩いているときなど、何か他に体を動かしている時にならすことはないということです。ということは、しばらくじっとしていることが確立操作として働き、指や肩がぼきっとする感覚が好子として機能するようになるということかもしれません。

指を捻ったり、肩をかしげれば、自動的にそうした感覚が生じるわけですので、この随伴性を断ち切って消去するのは難しそうです。そこで、標的行動を消去することは諦めて、新しく随伴性を追加することにしました。

それは、骨を一〇回以上ならした次の日は、好物であるペットボトルの紅茶飲料とチョコレートを我慢するという介入です。一〇回という目標は、ベースライン期のデータから、これまで通りに骨をならしても、紅茶とチョコがまったく食べられなくなることはない数値を選びました。そうすることで、骨をならすのを我慢する行動を強化しようと考えたのです。

すると、先生から「我慢するは行動じゃないですよ」と言われました。考え直してみると、我慢するというのは指を捻らないことと首をかしげないことです。どちらも死人の得意技ですから、確かに行動ではないということになります。

それでもどうにも狐につままれた感じが残ります。ポキッとしたいという衝動にかられ、首を右にかしげかけたそのときに「だめだ！」と思い、反対方向に力を入れてもとに戻すのは死人にはできないわけだから、これは行動ではないのでしょうか。

そのように質問すると、先生には「その通りだよ」と言われました。「よく考えたね」と褒めてももらえました。

「だめだ！」と思うのも、反対方向に力を入れたり、左手で右手の指を捻れないように左手をぶらぶら揺らしたりするのも行動だそうです。

でも、褒められて嬉しかったのも束の間、「でも、それは減らしたい行動ではないですよね」と一言。そして「減らしたい標的行動は何ですか？」と質問されました。

「骨をならす行動です」と私。

「そうですね。骨をならしたらどうなりますか？」と先生。

「一日一〇回以上ならしたら、次の日、紅茶が飲めず、チョコが食べられません」

「ならさなかったら？」

「紅茶が飲めて、チョコが食べられます」

「ということは、標的行動によって環境がどのように変わることになりますか？」

「好子の出現が阻止されることになります」

図5－1　骨をならす行動の変容

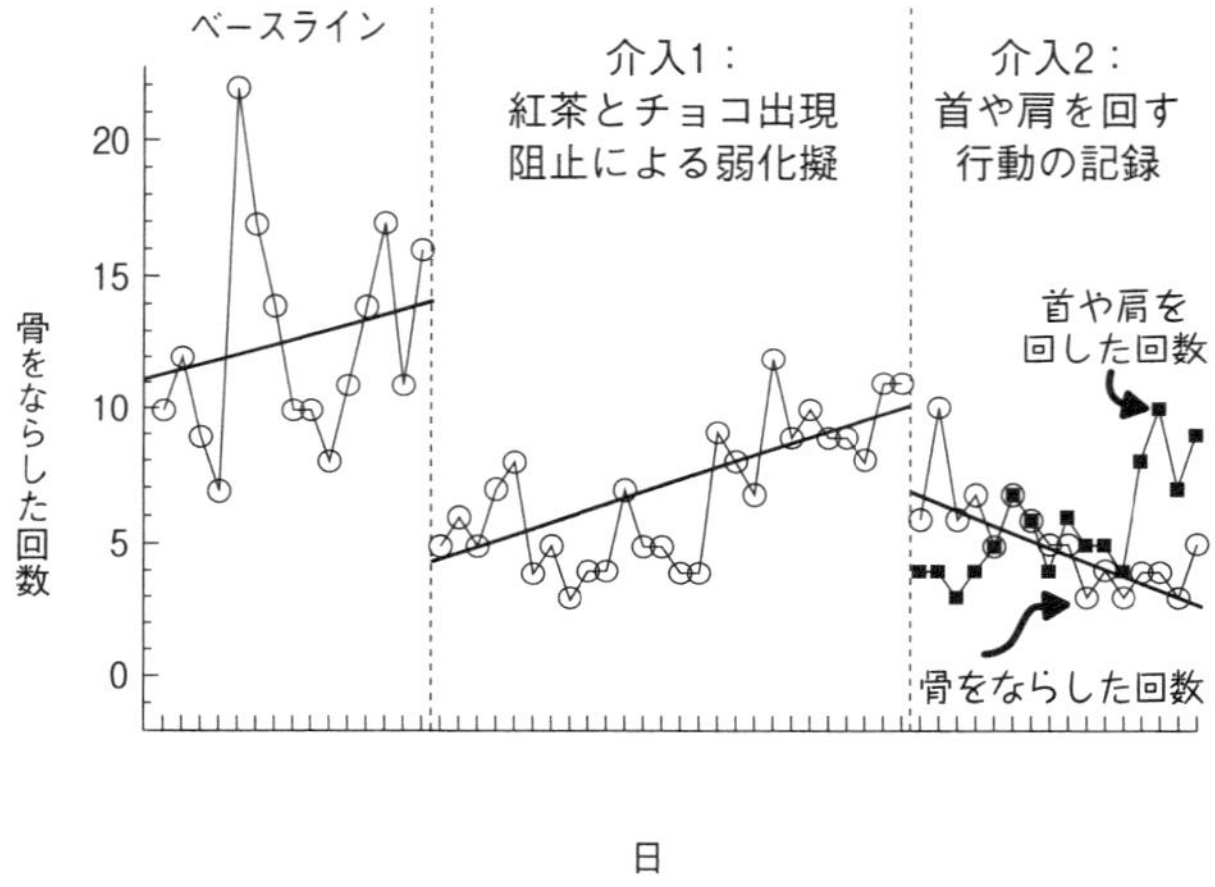

「そうですね。ただし、阻止されるのは次の日のことのようですから、これは阻止擬《もどき》ですね」

「なるほど」

図5－2が現状の随伴性に介入の随伴性を追加したダイアグラムです。

こうしてとりあえず最初の介入計画が決まりました。ベースライン期のデータがやや上昇傾向にあることを傾向線を描き入れて確認してから、最初の介入を始めました。

図5－2からわかるように、この介入1（「紅茶とチョコ出現阻止による弱化擬《もどき》」）には効果がありました。標的行動の水準はすぐに低下し、一日五回くらいの頻度で二週間近く安定していました。

ところが、その後、標的行動が増え始め、目標である一〇回前後で安定してしまいました。

図5－2　なぜ骨をならすのか：現状のABC分析

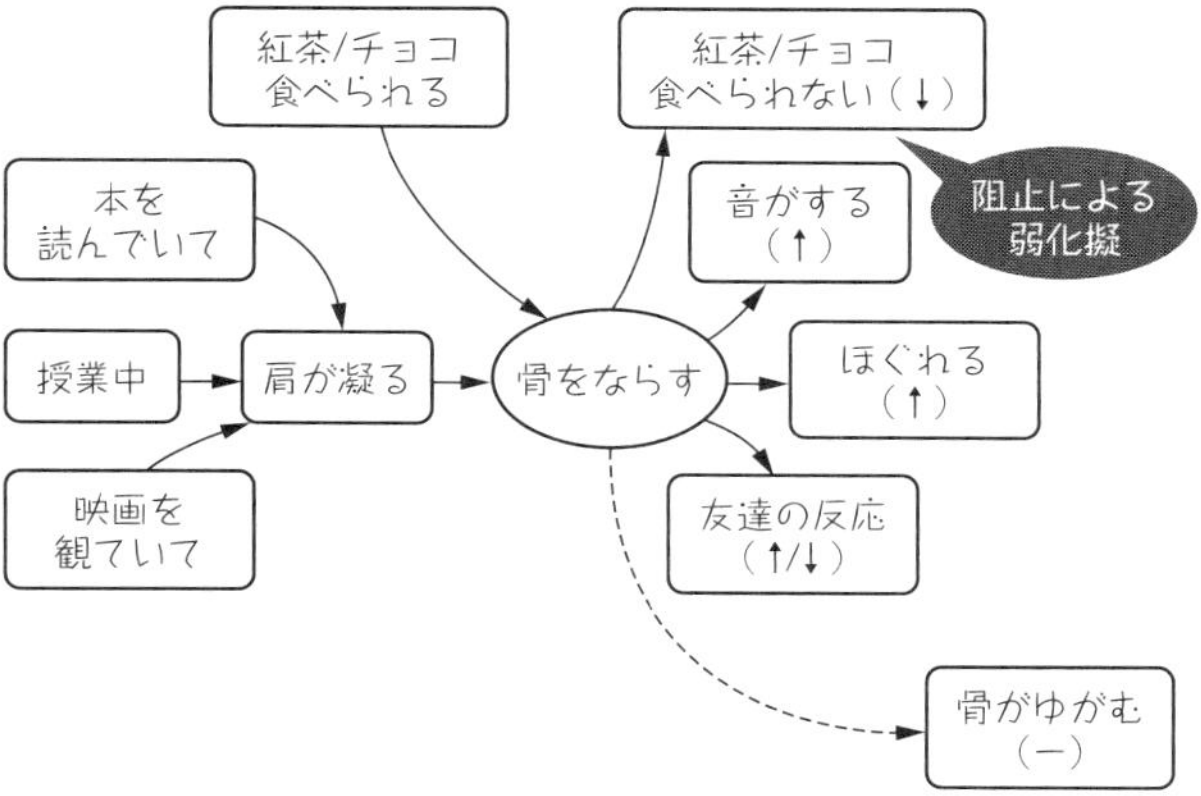

毎日飲み食いしていたことで、飽和化が起き、紅茶とチョコが好子として機能しなくなったのかもしれません。

介入をしている間、自分の行動を観察していると、予想していた通り、骨をならしたい衝動にかられたときに、音はださずに、首を回したり、肩を回したりする行動が自発され、そうするとポキッとしなくて済むときが多いとわかりました。

それなら次はこれを標的行動にして増やせばいい。そう思いついた私は、首や肩を回す行動を二つめの標的行動として記録し始めました。

介入1でこの行動は測定していないので水準を比較できませんが、実感としては増えたように思います。そして、おそらくそのせいだと思うのですが、骨をならす行動の方は再び減ってきました。

図5－1からは、介入2に移行後二週間くらいで、二つの標的行動の水準が逆転したことがわかります。首の方はやはりこり固まった筋肉の一時的な弛緩が強化になっていて、それが首や肩を回す行動で代用できるようになったようです。でも指の方はそうはいかずに、まだ残っているのでしょう。今度、じぶん実験をするときには、首と指とを分けて測定しようと思います。

このじぶん実験をやってみて驚いたのは、これまで長年、直そうと思っても直らなかった癖を、こんな簡単に減らすことができたことです。

少なくともこの癖に関しては、自分の思い通りになるということがわかりました。そして、もしかしたら、これまで自分の思い通りにはならないと諦めていた他のことも、思い通りになるのかもしれないなと考えるようになりました。

†改札をさっと抜ける

要領が良いほうではない。それは自分でもわかっています。電車やバスに乗るときには、Ｓｕｉｃａ（スイカ）を使っていますが、改札を出たり入ったりするときに、スイカがどこにあるかわからなくなり、行列の先頭になって、うろたえ、いよいよ慌てたりします。

友達からは「いいかげんにしてよ」とあきれられていますが、自分でも自分にあきれているのです。

そこで、じぶん実験では、改札をスムーズに抜けることを目的にしました。標的行動を「改札をスムーズに抜ける」にしていたら、先生から突っ込まれました。

「これは行動かな？」

「死人テストにひっかからないから、行動だと思います」

「そうだね。確かに死人は改札を抜けられない。死人テストはパスしてるね」

「ビデオクリップ法を使って、思い浮かべることもできます」

「そうだね。具体的にも定義できているよ」

「それならどこが問題なんですか？」

「逆に質問させて。君、サッカー詳しい？」

「はい。国立競技場に応援に行ったりもしていました」

「よし。それじゃ、ペナルティーキックでゴールを決める。これは行動かな？」

「行動だと思います」

「ビデオクリップ法で、思い浮かべてみた？」

「はい。曲がって落ちる神技のシュートでした」

「ゴールキーパーも思い浮かべた？」

「いいえ。キックした人だけでした」

「では今度は、さっきとまったく同じシュートだけど、ゴールキーパーが神技でセーブした様子を思い浮かべてみて」

「……」（やってみる）

「違いがわかった？」

「よくわかりません」

「シュートする行動は同じ。でも、ゴールしたかどうかは違う」

「あぁ、そうか。ゴールしたかどうかは行動ではなく、行動の所産ということですね」

「その通り！」

「私の標的行動も同じわけですね」

「そうだね。改札をスムーズに抜けるのは行動ではなく、行動の所産だ。行動の所産をパフォーマンスとして測定することに問題はないけど、随伴性の分析をするときには、このままだと難しい。改札をスムーズに抜けるためにどんな行動が必要で、その中で今はできていない行動がどれなのか、まず見つけよう」

先生の助言を参考にいろいろ考え、行動変容の核心点、すなわちできていない行動は、改札から出た後に、いつも同じ場所にスイカを入れる行動だと気づきました。いつも違うところに入れてしまうから、出すときにどこにあるか探さなくてはならないわけです。だから、標的行動は「カバンの中の決まった場所にスイカを入れる」にしました。

でも、ベースラインについては、もう測定が終わってしまっています。それに、これまではスイカを入れる場所を決めていなかったわけだから、ベースラインでそれを測定するのもなんだかおかしい気がしました。場所を決めることが介入になってしまうからです。

そこで先生に相談すると、測定するのは行動の所産であるパフォーマンスにしておき、随伴性を推定するときには標的行動を使えばいいと言われました。グラフもこのままでいいということでした。

ところが、先生にベースライン期のグラフを見せると、またまたつっこまれました。

「グラフの縦軸が成功率になっているけど、毎日、改札を通る回数は決まっているかな？」

「いいえ、その日によって違います。大学の帰りにアルバイトや買い物で寄り道して回数が増えることもありますし、休みの日にずっと家にいたこともあります」

「〇%のところがそう？」

（グラフをしばらくじっくり視てから）「そういう日もあるし、改札を一回もスムーズに抜けられなかった日もあります」

「なるほど。そうすると、同じ値でも意味が違うわけだから、グラフを視て評価するのが難しくなるよね。それに、たとえば、同じ一〇〇％でも、改札を通る機会が一回しかないときと、一〇回あったときとでは、やはり評価が違ってくる。割合を計算するのにふさわしいのは、母数が大きいか、一定のときだ。母数が小さかったり、変動するときには、割合ではなく頻度をグラフにした方がわかりやすいよ」

「確かにそうですね。ということは縦軸には改札をスムーズに抜けられた回数をとるということですか？」

「うん。だけど、それだけだと、回数が増えても、スムーズに抜けられるようになったのか、改札を通る回数が増えたのかがわからない。だから、スムーズに抜けられなかった回数も別の折れ線にして作図するといいよ」

「そうすれば二本の折れ線から割合も視てとれるということですね」

「そうだ。それから、ずっと家にいて改札を通る機会がなかった日はゼロではなく記録がないことになるから、点は打たずにおくんだよ。エクセルでグラフを作るならデータは空白にしておいて、環境設定のグラフのオプションを、「空白セルのプロットを補完してプロットする」とすれば、そこは飛ばして折れ線を引いてくれるからね」

先生からの助言をもとに、作り直したのが図５－３です。

図5－3　改札を抜ける行動の変容

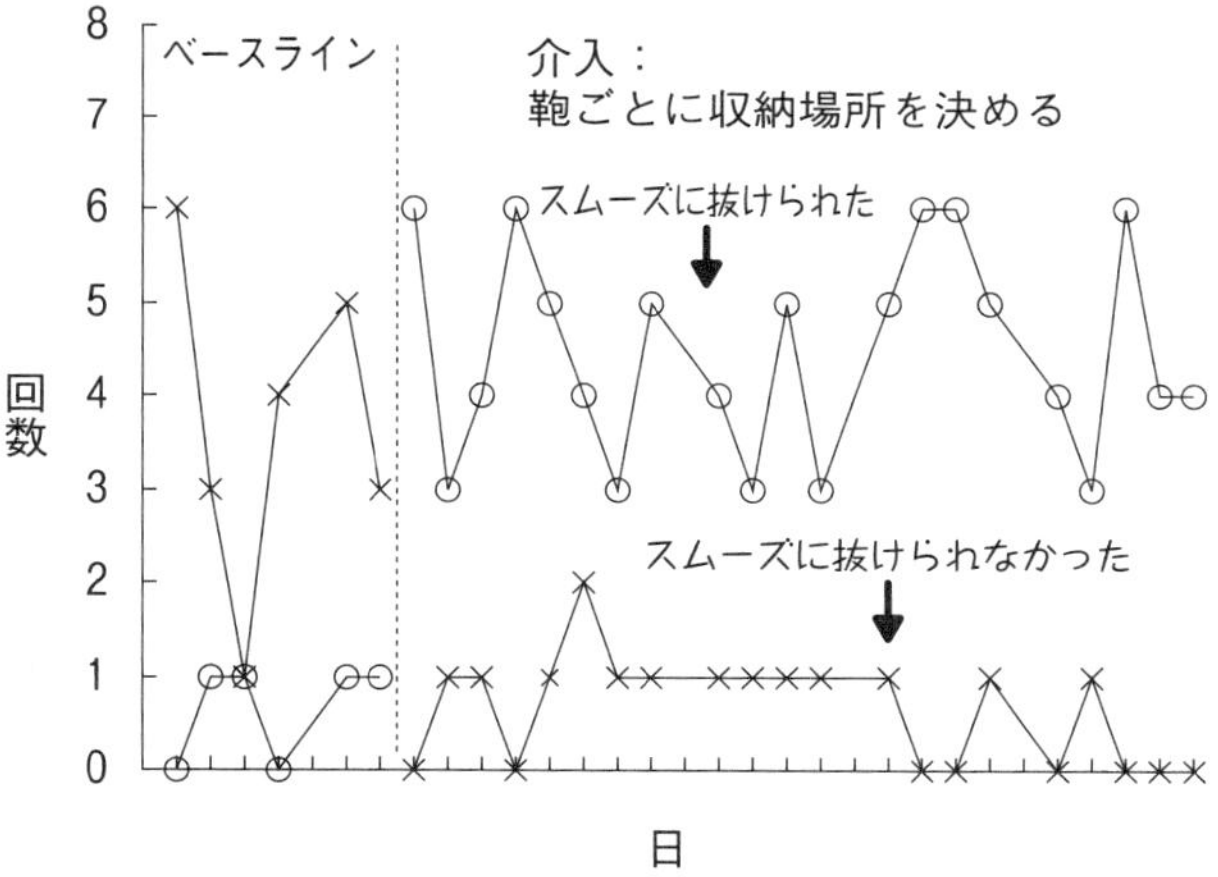

ベースライン期にはそもそもスイカを入れる場所が決まっていなかったので、ここに入れたらＯＫという弁別刺激もなければ、そこに入ったらＯＫという好子もありませんでした。鞄を開ける手間がないぶん、ジャケットやパンツのポケットに入れる行動の方が弱化されにくいということもありました。

よく使う鞄三つそれぞれでスイカを入れる場所を決め、そこにスイカをコピーしてラミネートして作ったカードを入れておくことにしました。これが介入です。自作したカードを「ここに入れたらＯＫ」という弁別刺激、カードとスイカが重なった状態を好子として、カードを入れる行動を強化しようという作戦です。

先生には、この介入だと行動は変わらないかもしれないよと言われましたが、図５－３からわかるように、○の折れ線と×の折れ線が、条件変更線の前後で交差しています。行動はがらっと変わりました。

介入を始めてしばらくは、どたばたすることもありました。鞄の中の収納場所を忘れていて、違うところに手を入れて見つからず、焦ってしまいました。でも、三週間くらいすると、こうしたミスもほぼなくなりました。

改札でどたばたするのは要領が悪く、どちらかといえば天然な私の性格のせいだし、だからどうにもならないことだと思っていましたが、じぶん実験をやってみて、行動は随伴性を変えれば変わるということがよくわかりました。

だからといって私の性格が変わってしまったわけでもありません。相変わらず忘れ物はよくするし、食べるのも遅いし、授業が終わって教室を出るのもいつも最後の方です。もしかしたら、そういう一つひとつの行動も随伴性を変えれば変わるのかもしれません。でも、自分は自分のそういうのんびりしたところを結構気に入ってたりもするので、ことさらに変えようとは思いません。

今回のじぶん実験は、そういうことを考える良い機会にもなりました。

†字を丁寧に書く

大学を卒業して社会人になり、システム手帳を使い始めて二五年。使い終わったリフィルは年ごとにフォルダーに綴じて保存しています。

時々、あの頃、あの時、自分は何をしていたのかなと気になると、その頃の手帳を読み返します。手帳には年間の予定と目標、月間の予定と目標、そして毎日のスケジュールや課題を書き出しています。打ち合わせするときなどにはメモ書きにも使っています。

長い歴史の中では、シャープのザウルスとかドコモのシグマリオンとか、最近ではアップルのiPhone（アイフォン）やiPad（アイパッド）とかに浮気しそうになったこともありましたが、結局は、電源のオンオフいらずにすぐに取り出せ、タイプミスや打ち直しをする必要もない、アナログ方式の手書き手帳に戻ってきました。

仕事にも、遊びにも重宝していて、私の生活に程よく定着している習慣ですが、一つだけ課題があります。それは私が悪筆だということです。手帳だから私にさえ読めればいいのですが、私にさえ読めないこともあります。会議中に書いたメモやカレンダーへのメモが読めず、しかも思い出せないと、重要なことだったらどうしようかと心配になります。

字が下手で困るのは、もう一つ。冠婚葬祭です。祝儀・不祝儀袋、受付で記帳するときにも名前を書かないとなりません。ときに「個性的な字ですね」とフォローしてくれる人もいますが、逆に恥ずかしくなります。

そこで、日常的には手帳へのメモ書き、非日常的には冠婚葬祭などでの記帳で、少なくとも整った、判読可能な文字を書くことを目的にしたじぶん実験をやってみることにしました。とはいえ、書けるのに書かないわけではなく、書きたくても書けないのです。つまり、行動レパートリーの欠如が原因の問題ということになりますから、まずはペン習字教材を購入して文字を書く練習をすることにして、一日に練習した文字数を記録し始めました。

「三〇日できれいな文字が書ける」というふれこみの教材だったのですが、練習がなかなか進みません。というより、練習をする日としない日で大きな変動が見られました。

随伴性ダイアグラムを描いて視ながら原因を考えました。当時、ちょうど手根管症候群という病気のため利き手の掌を手術した後で、握力が落ちていたし、痛みも残っていました。このため、字を連続して書くと手が痛くなったり、見本を写し書きしても同じようにきれいに書けなかったり、練習が終わった後で書いた文字数を記録するために文字を数える手間がかかったりして、練習行動が強化されていないことは明らかでした。

練習を繰り返せばいずれ字がうまくなるという随伴性はあっても、一文字一文字書くことと上達の間の関係は塵も積もれば山となる型で、これだけでは不十分であることも推定されました。

そこで、いくつかの介入をまとめて導入することにしました。図5－4がその随伴性ダイア

図5－4　どうすれば字を書くようになるのか：介入のＡＢＣ分析

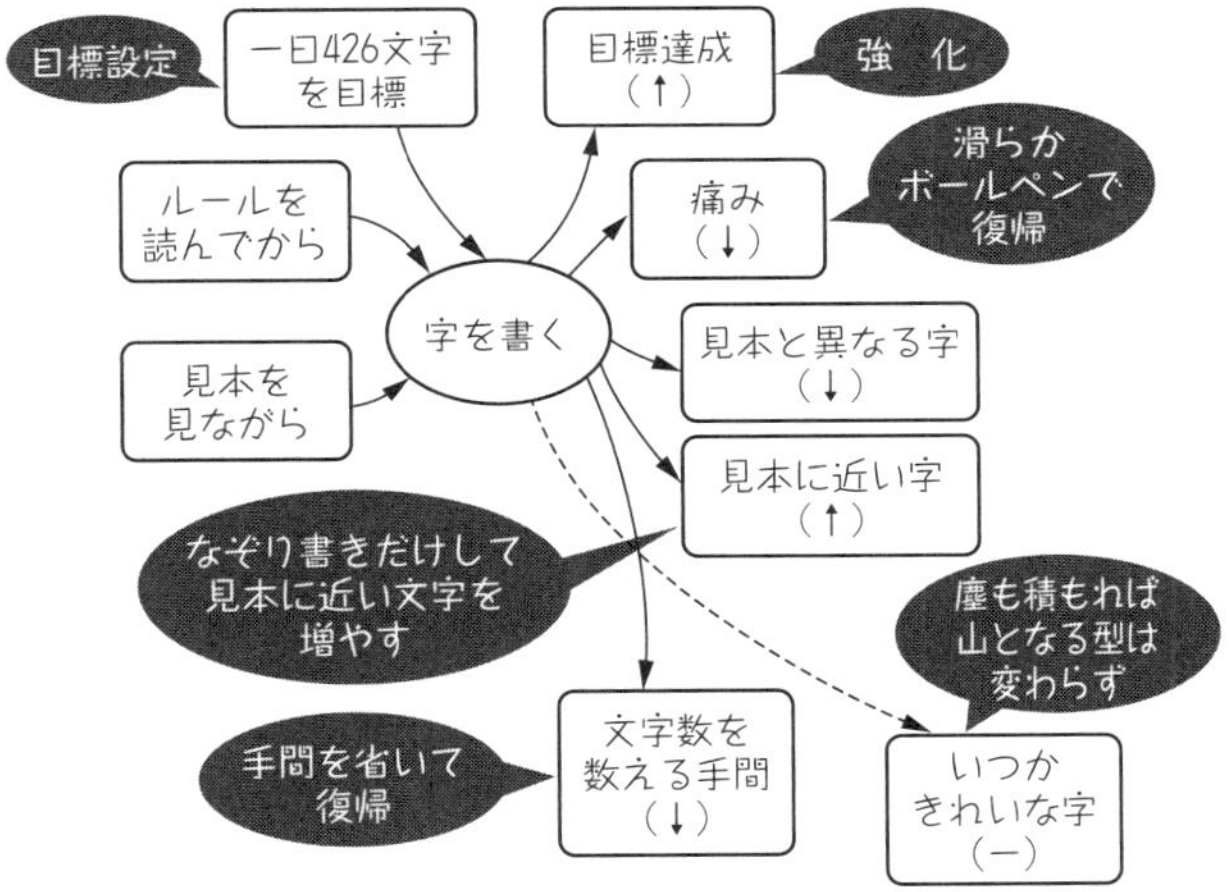

グラムです。

まず、練習については、ひらがなのなぞり書きだけをすることにしました。これにより、見本に近い文字が書ける確率が高まり、書く行動が書かれた文字によって強化されやすくなるのではと期待しました。

次に、文具店で何種類ものボールペンを試し、最も書きやすかったボールペンを使うことにしました。最近のボールペンはとても進化していて、滑らかさの違いには驚きました。これなら手首に力を入れずに字が書けます。書字による痛みを軽減することで、弱化からの復帰を狙いました。

最後に、教材は事前に同じものをコピーし、繰り返し使うことにしました。一〇文字ごとに印を書き込んでからコピーすることで、練習後

図5－5　ペン習字練習行動の変容

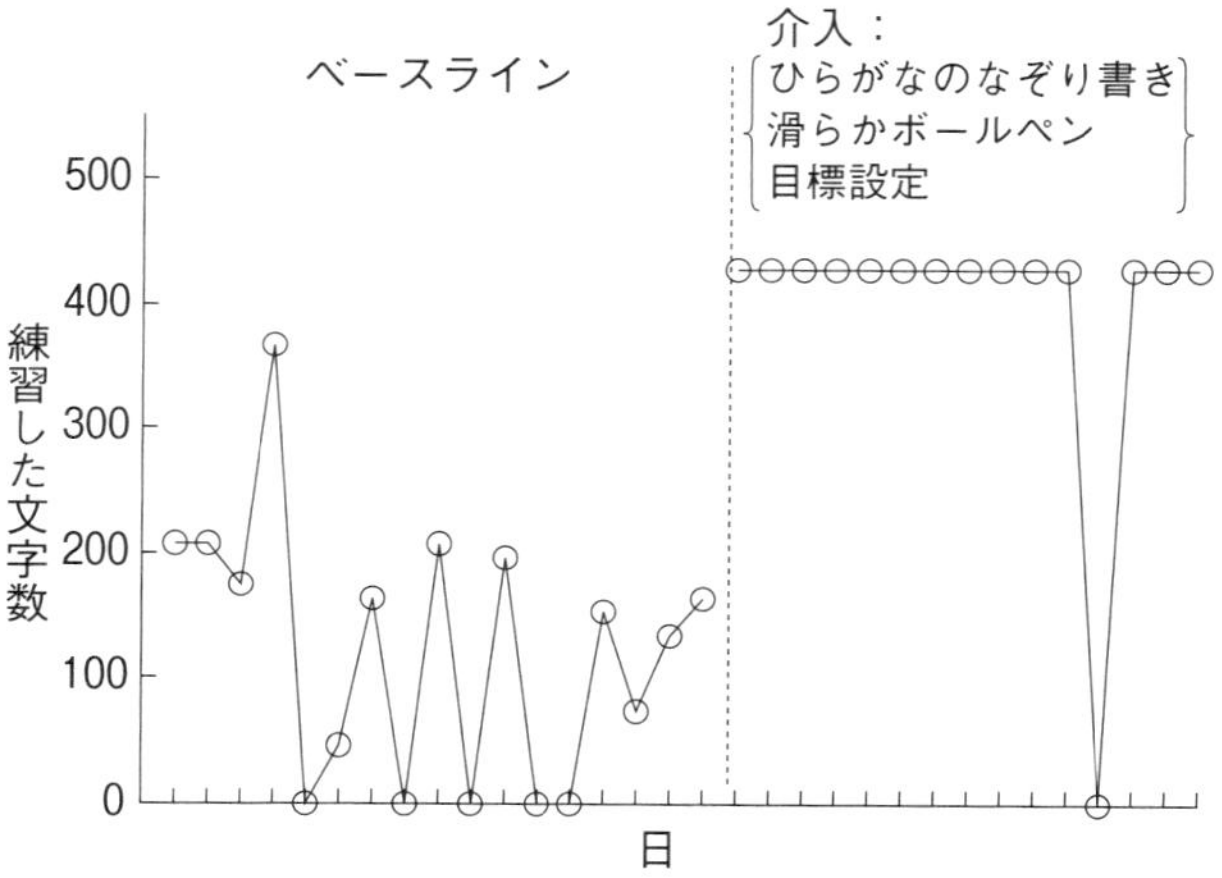

に文字数を数える手間と時間のコストを軽減し、これまた弱化からの復帰を期待しました。そして一日分の教材の文字数四二三文字がそのまま目標設定となり、コピーした一セットを終えれば目標達成になるようにしました。目標達成という好子出現による強化を期待したことになります。

図5－5からは、こうした介入に効果があり、例外が一日あるだけで、介入開始後二週間以上にわたって目標達成が続いたことがわかります。

さて、果たしてこれで字はうまくなったでしょうか。その日の予定を書き込んだ頁を、介入前と介入後で友達に見せて比べてもらったところ、「丁寧に書くようになったね」と言われました。「字がきれいになったね」とは言われませんでしたが、これは想定内です。

教材には、はねやとめ、はらいなど、きれいな文字を書くためのルールも書かれていました。恥ずかしながら、知らないルールもたくさんありました。以前と同じような書字速度を保ちながら、こうしたルールに従って書けるようになるまでには至りませんでしたが、丁寧に書くことを重視し、ルールを思い出しながらゆっくり書けば、かなりきれいな文字が書けることもわかりました。

また、バイブルサイズのシステム手帳は紙の面積が小さく（従って文字は小さく書かなくてはならず）、頁とカバー、カバーと机の間の段差もあり、中央部のリングも邪魔で、練習用の教材とは違って、そもそも字を丁寧に書きにくい設定であることもわかりました。システム手帳のフォルダーに差して使っている四色ボールペンも、最新の滑らかかボールペンに比べるとはるかに書きにくいということもわかりました。

そこで、システム手帳を今までの半分の薄さのものに変更して段差とリングを小さくし、四色ボールペンの替わりに書きやすい一色のボールペンを使うことにしました。すると、道具を変えただけでも、読みやすい字が書けるようになることがわかりました。また、ひらがなしか練習しておらず、漢字は上達しなかったので、同じ方法で漢字も練習し始めました。

それでも、電話で話をしながらメモをとるときなど、せかせかしているときには、判読困難な文字が混じります。ペン習字の練習には時間もかかるし、ゆっくりならきれいに書けるようになっても、急いでいるときに同じように書けないのなら意味がありません。祝儀・不祝儀袋や受付で記帳するときなどは、ゆっくり書くのでペン習字の練習がいきるかもしれませんが、メモについては、きれいな文字よりも判読可能な文字を目指し、急いでいるときこそ丁寧に書く行動を増やすことが現実的かもしれません。

このため、今は、システム手帳のディバイダーに、テプラで印刷した「急ぎのときほど丁寧に」というシールを貼り、これがプロンプトとして機能するかどうか試しているところです。

†ネット中毒から脱却する

ネット中毒が広がっているとマスコミは言う。まさに私のことである。

一人暮らしの私は、だいたい午前一時を回ったあたりからタブレットをベッドに持ち込み、大好きなアニメや芸能人、ミュージシャンの情報を追い求め、ネットの波を渡り歩く。ツイッターやフェイスブックはほとんどやらない。2ちゃんねるにもはまっていない。それよりも、熱狂的なファンが作る内容の濃いサイトや、そういうファンが自作した動画をユーチューブで観たりしている。気がつくと窓の外が明るくなっている日もある。寝るのはそれから。だから、起きるのは一〇時とか、一一時。午前中の授業はパスしてしまう。

さすがにこのままではまずい。卒業できなくなってしまう。だから、じぶん実験では早起きを標的行動にしようとしたが、先生に「夜更かししている人はそれを何とかするのが先だよ」と言われてしまった。

私の場合、寝坊の原因は明らかに深夜のネットサーフィンにある。朝四時に寝て七時に起きるのでは健康に害もでそうだ。朝早く起きることよりも、夜早く寝ることを先に解決しなくてはならない。

そこでベースライン期には、就寝する前にネットした時間を三〇分単位で記録した。三週間の平均は一二〇分。最長は三時間、最短でも一時間はやっていた。予想通りとはいえ、自分でもひどいなと思った。

随伴性ダイアグラムには、ネットサーフィン行動を強化する随伴性ばかりが目立ち、なんだか恥ずかしい。午前中の授業をパスしてしまうとか、単位がとれないとか、そういう後続事象が行動に影響しないところも、ダイアグラムに描いて視てみると恥ずかしい。でも、恥ずかしいから行動が変わるというわけではないようだ。

ネットしている間は時を忘れてしまう。どれだけ就寝が遅くなったのかがはっきりわかれば、それがこの標的行動を弱化するのではないかと考え、カレンダーに就寝時刻と起床時刻を書き込むことにした。これが私の介入だ。

介入を始めて気づいたことがあった。ネット中もタブレットに表示される時刻をよく見るよ

図5－6　ネットサーフィン行動の変容

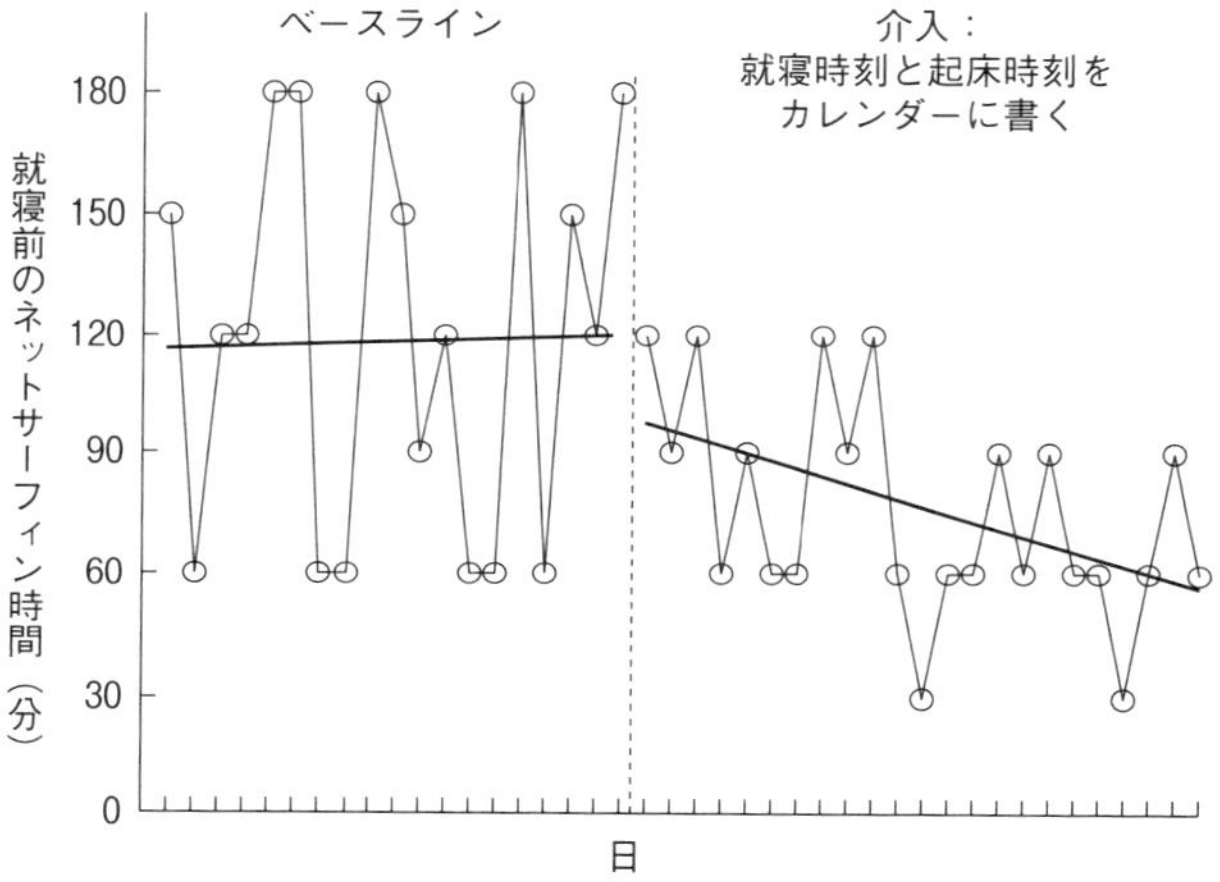

うになったのだ。

図5－6から、この介入によってネットサーフィンの時間が減り、変動も小さくなったことがわかる。

ベースラインでは就寝時刻が午前二時から四時の間だったのが、介入期後半には、午後一一時半から遅くても午前二時半には寝られるようになり、朝も八時半には起床するようになった。

このまま行けば単位を落とすことなく、無事に卒業できそうだ。じぶん実験に感謝したい。

大学の授業や単位や卒業よりも、ネットで見つける情報の方を大事にしている自分のことを、最初はだらしないと思っていた。でも、じぶん実験の結果から、実はどちらも好子であることがわかった。

ネットの方は、行動の直後に好子が続々と出現するから、止めることが難しい。単位や卒業に関する好子は、早く寝たり、課題をやったり、授業に出席したり、色々なことを積み重ねないと得られなくて、しかも結果は数か月とか数年後にあらわれる。つまり、違いは行動随伴性にあるということになる。

それでも、そうした違いを埋める仕組みを作れば、本当は大切に思っていることが自分の行動に影響するようになる。そして、その方法は、じぶん実験で見つけられる。

これはすごいことだと思った。

†花嫁修業

私の夢はお嫁さんになることである。毎朝、旦那さまより早く起き、エプロンをつけ、台所に立って朝食を作る。二人の子供と旦那さまにお弁当を手渡し、玄関で見送る。いまどき何をと言われそうだが、小学生の頃からずっと描いてきた夢なのだ。

でも現実は厳しい。実家で家族と暮らしている私は、家事はすべて母任せ。料理どころか、掃除や洗濯もしない。母が台所でせっせと仕事をしているとき、私はソファーに寝転がり、テレビを観たり、携帯をいじったりしている。

「少しは手伝いなさいよ」と昔は母にもよくなじられたものだが、とうとう諦めたらしい。最近はほとんど何も言わなくなった。

そんな私も二〇歳を過ぎ、そろそろ本気で花嫁修業しないといけないと考えていたところだ。料理教室に行くことも考えたが、まずは身近なところで、少し頑張ればできそうな家事手伝いから始めることにした。

標的行動は、朝食、昼食、夕食の後に食器を洗う行動である。自分のぶんだけではなく、家族五人全員ぶんの食器を洗うことにする。我が家には食洗機がないので、すべて手洗いになる。ベースラインを測定し始めたら、最初の一週間には、一日のうち一回か二回食器を洗う日があり、家族全員に驚かれた。これまで何もしていなかったからだ。記録を取るだけでこれだけ行動が変わるものかと私も内心驚いた。

しかし、この行動変化は長続きせず、すぐに元通りになった。

そこで行動随伴性を推定した。食器洗い行動には、服に水しぶきがかかったり、手が荒れたりするという嫌子出現や、台所に行くことでテレビが観られなくなったり、携帯に届いたメールやラインのメッセージにすぐに返信できないという好子出現阻止による弱化の随伴性が関わっていそうだった。

食卓から食器が片付くとか、食器がきれいになるという後続事象も推定したが、私が食器を洗わなくてもいずれは母が洗うことになるので、実はここには随伴性がないということにも気がついた。

図5－7　食器洗い行動の変容

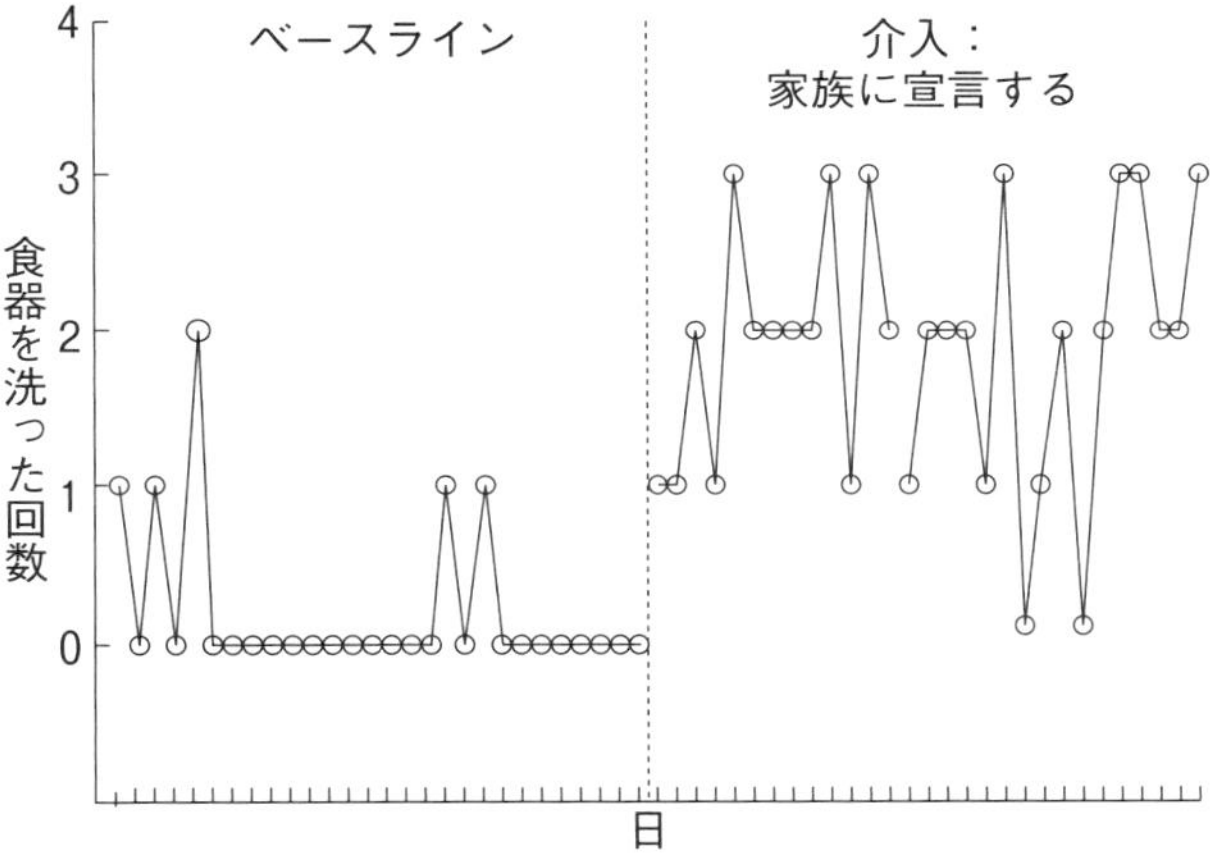

ベースライン期に数回食器を洗った経験、そしてその後再びさぼりはじめた経験からすると、ソファーから立ち上がって台所に向かおうと一瞬は思うのだが、「さぼっても誰にも何も言われないからいいや」と自分で自分に言い訳にならない言い訳をして、そのままソファーに横になっていることが多かった。

そこで介入として、家族全員に対し「これからは、食器洗いは私に任せて」と宣言することにした。宣言通りに行動しないとき、私自身にちょっとした罪悪感を抱かせて、食器を洗う行動がその罪悪感を消失させることで強化されるようにしてみようと考えたのだ。

介入を始めると、すぐに私の行動は変化して、今度は三週間、維持できた。介入期に洗い物をしていない日が二日あるが、これは体調を崩して寝込んでいた日である。

　授業で発表した後に先生からコメントをもらった。

「行動がくっきりと変わりましたね」

「はい。自分も家族も驚いています。特に母が」

「それはよかった。ただ一つ改善できるところがあります」

「どこでしょうか」

「グラフの作り方です。縦軸には洗い物をした回数がとってあります。一日三食として毎日三回食器を洗う機会があるわけですが、いつも家にいたわけではないですよね」

「そうです。大学で授業がある日は朝食と夕食のときだけ食器を洗いました。夜外出して帰りが遅くなった日もあります」

「そうですよね。でも、そうだとすると、縦軸の値は、標的行動が増えたときも上がりますが、家にいることが増えたときも上がります。減る場合も同じで、区別ができないことになります」

「よくわかりません……」

「意地悪な見方をすれば、このようにも考えられるということです。ベースライン期と介入期の違いは、標的行動が増えたことによるものではなく、家にいることが増えたからではないかと」

「そんなことはないです。ずっと同じように過ごしていましたから」

「ええ、きっとそうでしょう。でも、この図からはそれはわかりません。実験でわかったことを伝えるときには、それが誰にでも納得できるように工夫しましょう」

「どうすればいいんですか?」

「たとえば、縦軸をその日の機会あたりの頻度、すなわち割合にしてもよかったですね。たとえば、朝食と夕食のときだけ家にいた日なら、食器を洗う機会が二回あったわけです。その二回中何回食器を洗ったかをパーセンテージで計算すればいいわけです。そうすれば、標的行動をする機会の増減には関わらず、行動の頻度を比較できます。記録用紙からもう一度そのように計算できそうですか?」

「(記録用紙の束をめくりながら)あぁー、だめそうです。毎回◯か×かで記録していたのですが、×がついている日が家にいて食器を洗わなかったのか、家にいないから食器を洗えなかったか、この記録からは判断できません。カレンダーや大学の時間割と合わせてみれば、この日は家にいたはずだというようにあてをつけることはできそうですが」

「そうですか。それならこのままにしておきましょう。今回は、ベースライン期も介入期も同じように生活していたという前提でレポートを書いて下さい。ただ、記録の仕方やグラフの描き方で、実験で調べようとすることが調べられなくなることもあるということを知っておいてくださいね」

実験って難しい。でも面白い。文系の私だが、そう思った。

ところで後日談である。母は私にすべて任せるのが不安らしく、一緒に台所に立ちたがった。それでは実験にならないと私が抵抗すると、「洗うのはあなたに任せるから、戸棚に片付けるのは私に任せて」と押し切られた。

なんだか中途半端で居心地も良くなかったのだが、だんだんと慣れた。そして気がつくと、食器を片付けながらの親子の会話を楽しむようになっていた。食事中はテレビを観ていることが多く、あまり母と話をしない。台所にはテレビもなく、片付け以外にすることもないので、話をする機会が生まれ、会話する行動が強化されたように思う。

もしかすると、食器洗いの標的行動が維持されているのは、介入を計画したときに推定した、罪悪感の随伴性ではなく、母との会話による強化の随伴性のおかげかもしれない。母との会話が好子になるとは思ってもいなかったが、そうだとすれば、これは嬉しい誤算である。そう考えて、ダイアグラムも描き直してみた（図5－8）。

授業で、なぜなぜ法を使った演習をやったときに、私のチームでは理想の家庭像について議論になった。私は、標的行動を増やしたい理由を「理想のお嫁さんになること」としたのだが、

図５－８ どうすれば家事を手伝うようになるのか：介入のＡＢＣ分析

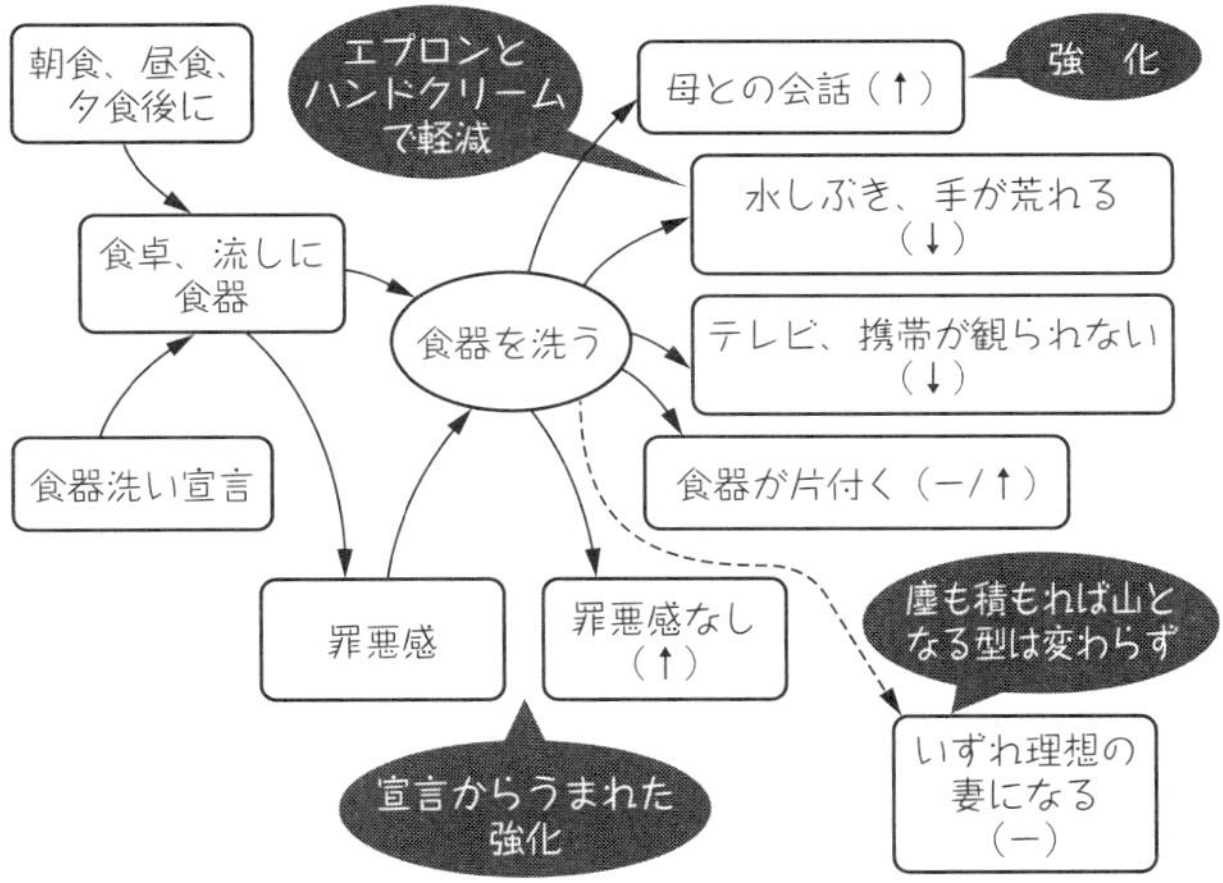

誰に感謝されなくても家事をしっかりやり遂げるのが良妻だという人もいたし、外国映画にあるような、家事は分担で、夫が妻にいつでも感謝し、愛情を行動で示しているような夫婦関係に憧れるという人もいた。

一体あなたはどのような姿を「理想」としているの？　と問いつめられたが、自分には回答できなかった。自分がどのようなお嫁さんになりたいのか、なれるかはまだわからない。でも、それがはっきりしてきたら、自分がこうなりたいと思うお嫁さん像に近づけるように、じぶん実験が使えるのではないかとも思った。それに、「こうなりたい」と思っていることが本当にそうなのかどうかはやってみないとわからない。

母との会話のような素敵な発見が、じぶ

ん実験から得られるのではないかとも思った。

†試験勉強

自分は大学を卒業したら警察官になりたいと考えています。公務員試験対策として予備校にも通っています。実力テストの結果が芳しくなく、友人にも差をつけられ、自信を失っていました。苦手な数的処理の得点を上げることが目下の目標であります。

数的処理に関しては、とにかく問題集に取り組み、できるだけたくさんの問題を解くことが得点向上への道と言われているようです。自分も問題集を三冊購入しました。しかし、机の上に積み重ねたままで、一向に進みません。情けない気持ちになるばかりであります。

そこで、じぶん実験では、数的処理の問題を解くことを標的行動とし、毎日、解いた問題数を記録することにしました。

ベースライン期のデータは誠にお恥ずかしく、人様にお見せできるような代物ではないと、ついつい個人攻撃の罠にはまってしまう有様でした。まるで不況下の春闘のようにゼロ回答が続き、ときどき思い立って問題を解いても正解に至らず数問で終了してしまいます。

しかしながら、改めて自らの行動を観察してみますと、いくつかのことに気づきました。

まず、自分の机の上には教科書やノートが常時散乱しているということです。公務員試験対

図５－９　どうすれば試験勉強をするようになるのか：介入のABC分析

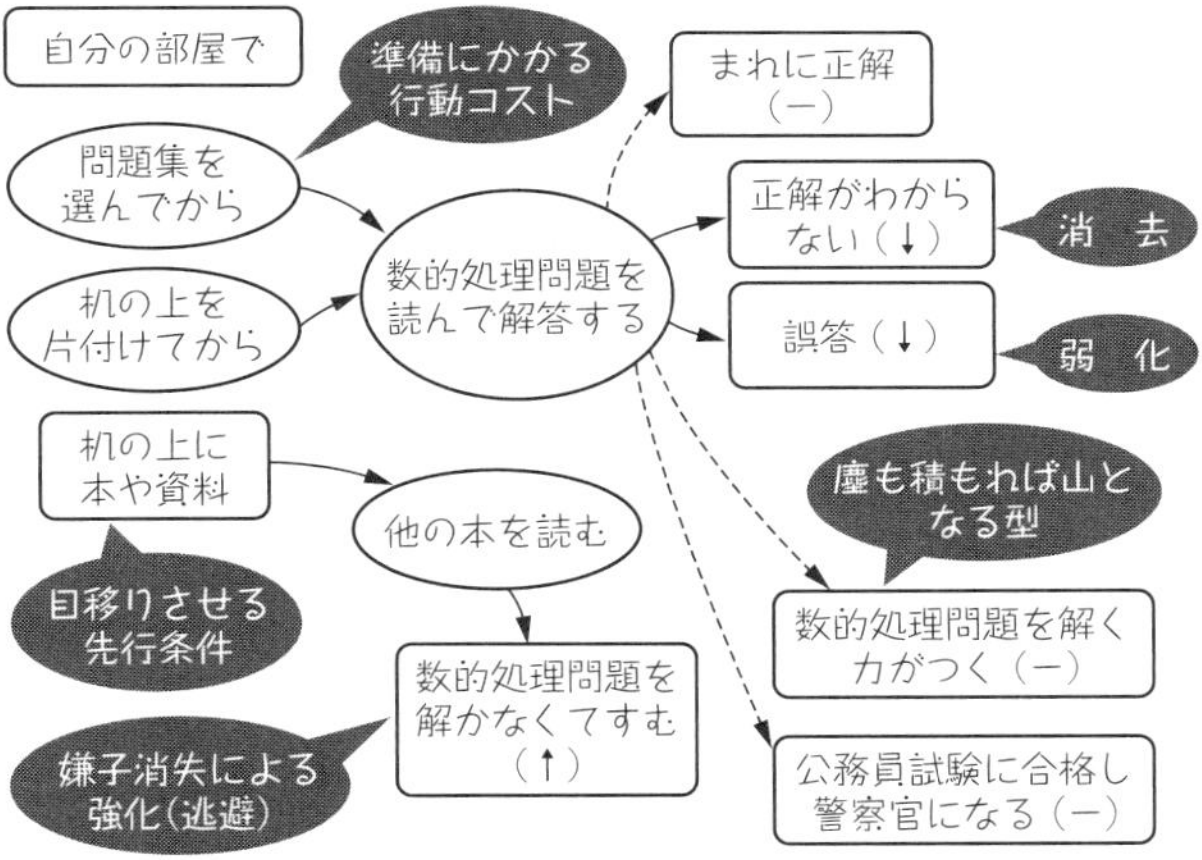

策用の問題集もその中に埋もれています。

問題集に取り組むためには、机の上の物を端に寄せて少しばかりの空間を作らなくてはなりません。そして、どれにしようかと問題集を選びます。ここまでですでに一仕事ですが、ようやく問題に取り組み始めても、数問解いた段階で他の問題集や本やノートに目移りして、そのまま関係ない本を読み始めてしまうことも多々ありました。

図５－９は私が推定した行動随伴性です。数学がとことん苦手な私にとって、数的処理の問題は嫌子であり、他の本やノートを読む行動が、この嫌子から逃避することで強化されている可能性があると考えました。

問題集が複数あることも一つの問題集に集中できない理由ではないかと思いました。

机の上が片付いておらず、問題集に取り組むためにはまず片付けから始めなくてはならないという行動コストが伴うことも、標的行動を弱化している要因ではないかと思われました。

さらには、問題集に取り組んでも自力で正解できずに消去され、数的処理の問題を解けるようになってきていることを示すきざしさえ見あたらないことも一因であると思いました。

そこで、介入として以下のパッケージを考案しました。

①机の上を片付けて、何もない状態にする。

②問題集を一つ選び、他の問題集は最初の問題集が最後まで終わってから取り組むように、本棚にしまっておく。

③数的処理の問題専用の大学ノートを用意して使い、解いた問題と解答が目に見えて残るようにする。そうすれば、学習の進度が自分にフィードバックされるだろうと考えての作戦です。

④正解する確率を上げるため、前の日に解いた問題のうち、どれか一つは次の日にもう一度解く。ただし、これはその日に取り組んだ問題数には含めない。

図5-10がじぶん実験の結果です。介入によって数的処理の問題に取り組めるようになりました。介入期のデータは大きく変動していますが、これは、ギブアップした問題や不正解した問題を、自己採点後に時間をかけて復習していたからです。

介入期の後半に問題数が増えているのは、数的処理の出題形式に慣れてきて、早く、あまり

図5－10 試験勉強行動の変容

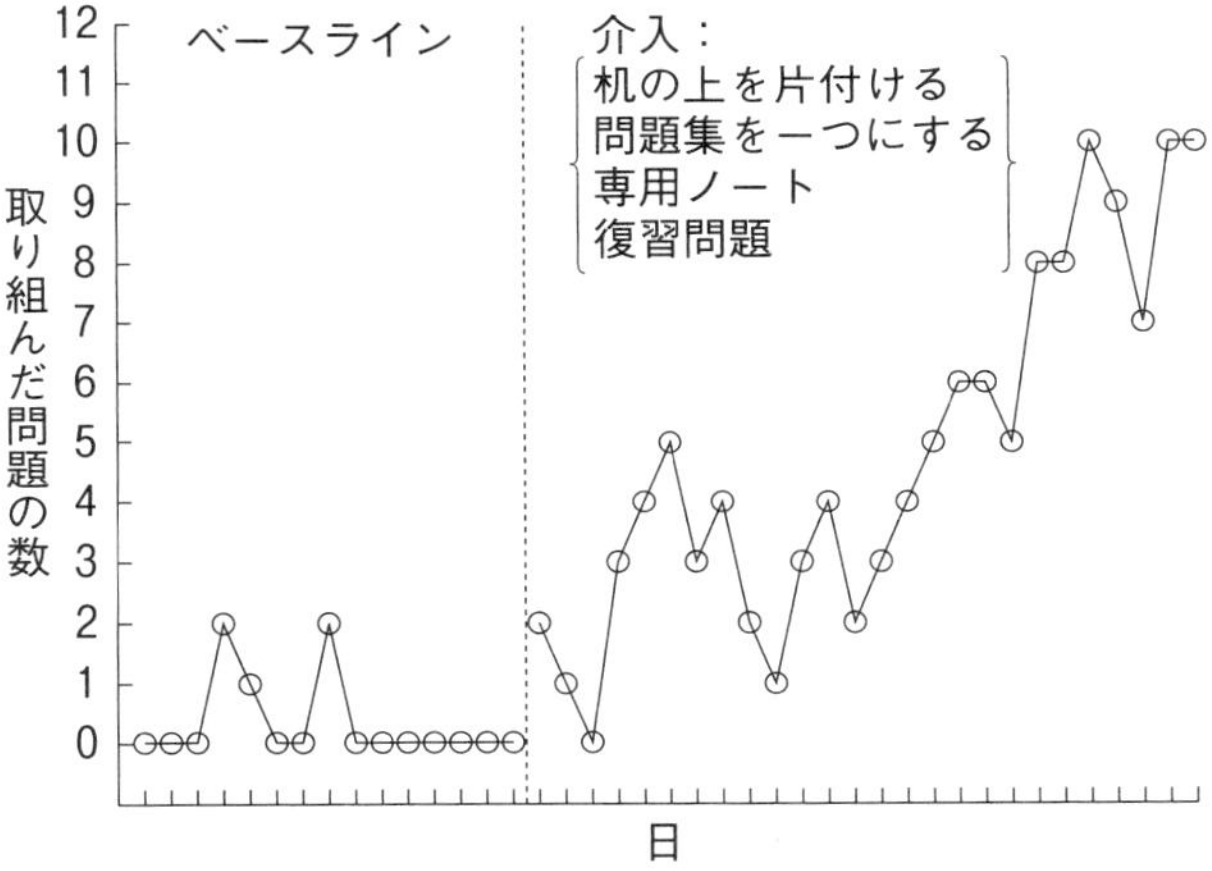

間違えることなく解答できるようになってきたからです。

今回のじぶん実験から新たに発見したことが三つあります。

だらしないと自己嫌悪に陥ることもある自分でしたが、実験のために片付けた机の上はずっと整頓したままにしておくことができました。

鞄や洋服ダンスの中は相変わらずごちゃごちゃですから、自分が変わったというわけではないのですが、行動随伴性を変えることで、少なくとも自分の行動のいくつかが変わることは実感できました。

集中力の問題も同じです。気が散ってしまって集中が長続きしないと、これまた自己嫌悪に陥ることがありましたが、目移りしてしまう原因の一つは、目移りさせるものが周りにあるからであって、視界に入らないように片付ければ目移りせずに済むということがわかりました。

最後に、数的処理は苦手なままですが、苦手なままでも問題集に取り組めるということがわかりました。これまでは「苦手だからしない」とか「苦手だからできない」と考えていて、しかもそれが動かせない事実のように思い込んでいました。苦手ということと、するかしないかは別々のことであり、「苦手でもできる」と気づいたことは、とても大きな発見ではないかと思います。

受験まではまだ二年間ありますので、この体験を活かし、今後も必要に応じて自分の行動の原因を推測し、対応する介入を考え、使っていきたいと思います。

†二度寝を防ぐ

留学生の私がじぶん実験で取り組んだテーマは二度寝です。規則的に生活してますから、夜は一時までには寝てしまいます。でも、朝が問題。目覚まし時計は八時に設定してますが、起きるのは九時とか一〇時です。アラームがなって目が覚めると、布団の中から時計に手を伸ばしてアラームを止めてしまいます。もう少しだけと横になっているうちに、ついつい寝てしまいます。

二度寝のせいで約束に遅れます。彼女や友達から、よく怒られます。具合が悪くてと言い訳していたら、信頼が薄れました。もう信じてもらえません。ほんとうに体調が悪いときには悲しくなります。そこで、目覚ましがなったらすぐに起きることを標的行動として、じぶん実験を行いました。

測定したのは、目覚ましを設定した時刻とベッドから出た時刻との時間差です。毎朝、記録用紙に書き込みました。ベースライン期にすぐに起きられたのは一日だけ。他の日は二〇分から、長い日は一〇〇分間も二度寝してしまいました。

行動随伴性をダイアグラムに描いて推定して視ると、ベッドから起き上がると寝ていられなくなるという好子消失による弱化の随伴性が最も影響していそうでした。ベッドの中は快適です。ふわふわの布団の中にくるまってまどろんでいる状態は気持ちがよく、私にとってはとても強力な好子になっているようです。

彼女や友達の機嫌を損ねたり、文句を言われるという後続事象は、嫌子にはなりそうです。面と向かって話をしているときには、怒られそうなことは言わないようにしますから。けれども二度寝に関しては、ベッドから起き上がる行動からの時間差が大きく、弱化としては機能しないようでした。

私が達成したいのは、彼女や友達から失った信頼を取り戻すことだと、なぜなぜ法で見つけました。ですが、これまでの遅刻と言い訳の積み重ねを考えると、ベッドから一度や二度起き上がるだけでは足りません。約束の時間に間に合うように毎回ベッドから起き上がっても、何か月もかかりそうです。つまりこれは塵も積もれば山となる型の随伴性で、いくら思いが強くても行動には影響しなさそうです。

実は随伴性ダイアグラムを最初に描いたとき、標的行動は「決めた時間に起きる」としてました。この「起きる」は「目が覚める」という意味でした。日本語は難しいです。

するど先生から質問されました。

「今でも目は覚めているんだよね。アラームを止めているんだから。だから、増やしたい行動は目が覚めるという意味の起きるではない」

「そうですね」

「増やしたいのに増えていないのは、どの行動だろう？」

「う〜ん。また眠ってしまう行動ですか？」

「それは減らしたい方だよね。それに、眠ることは行動ではないなぁ。死人はずっと眠ったままだから。眠るというのは様々な行動の生起頻度が全体的に減少している状態と考えた方がよさそうだ」

「難しいです」

「そうだね。この話はまた今度授業ですることにして、今は標的行動を探すことに集中しよう。

眠るのは行動ではないけど、眠る状態に入りやすくするために、人は色々な行動をする。たとえば、どんな行動があるかな？」

「灯を消すとか、横になるとか、目をつぶる、とかですか？」

「その通り。わざと難しい本を読んだり、音楽を流したり、香を焚いたり、とにかく色々だ」

「でも、先生、それと私の標的行動とどんな関係がありますか」

「君は起きたいわけだから、その逆をいけばいい。眠る状態に入りにくくする行動で、できれば君がすでにやっている行動。それを探してごらん」

「逆ですか。灯をつける、目をあける……、あ、そうか、布団やベッドから出ればいいんですね」

「いいね。でも、どうやって強化しようか？」

そのとき、突然、ひらめきました。ひらめいて、興奮しました。

私の介入はシンプルです。今までベッドの横の、手の届くところにあった目覚まし時計を、ベッドからは手が届かない机の上に移動します。ついでに、携帯にもアラームを設定することにして、これは台所に置きます。私のアパートは狭いワンルームで、ベッドから机までが二メートルくらい、机から台所までが三メートルくらいです。

今でも目覚まし時計のアラームで目が覚めて、手を伸ばして音を止めていますから、音を止める行動はうるさいアラーム音の嫌子消失で強化されていることになります。この嫌子消失による強化の随伴性で、ベッドから出る行動を自発させ、強化しようと考えたのです。

でもそれだけだと、アラームを止めた後でまたベッドに戻ってしまうかもしれません。だから、台所でもアラームがなるようにして、台所に移動する行動も強化します。携帯のアラームがなる時刻を、目覚まし時計のアラームがなる時刻よりも一〇秒だけ遅くセットします。そうすることで、その間に移動して、ならないうちに止めるようになるのではないかと考えたのです。嫌子出現阻止による強化です。

先生に話すと「すごいね。面白い介入計画だ！」と褒められました。先生は、目覚ましや携帯が遠すぎるとアラームの音が小さく聞こえて嫌子としての効果が低下するし、でも近すぎるとベッドを出てからまた戻る行動が自発されてしまうだろうから、ちょうどいい位置を探すことになるかもしれないと助言してくれました。

結果は大成功でした。位置の調整もいりませんでした。介入期二週間のうち、二度寝したのは一回だけ。このときは前の日に遅くまでレポートを書いていて、どうしても眠かったので、台所の携帯アラームをオフにしてから、ベッドに戻って横になってしまいました。

介入を始めてから気がついたことです。台所まで来ると、次に冷蔵庫を開け、冷えたウーロン茶を取り出して飲むという行動連鎖ができました。冷えたウーロン茶は冷蔵庫を開けて、コ

図5－11 ベッドから出る行動の変容（傾向線入り）

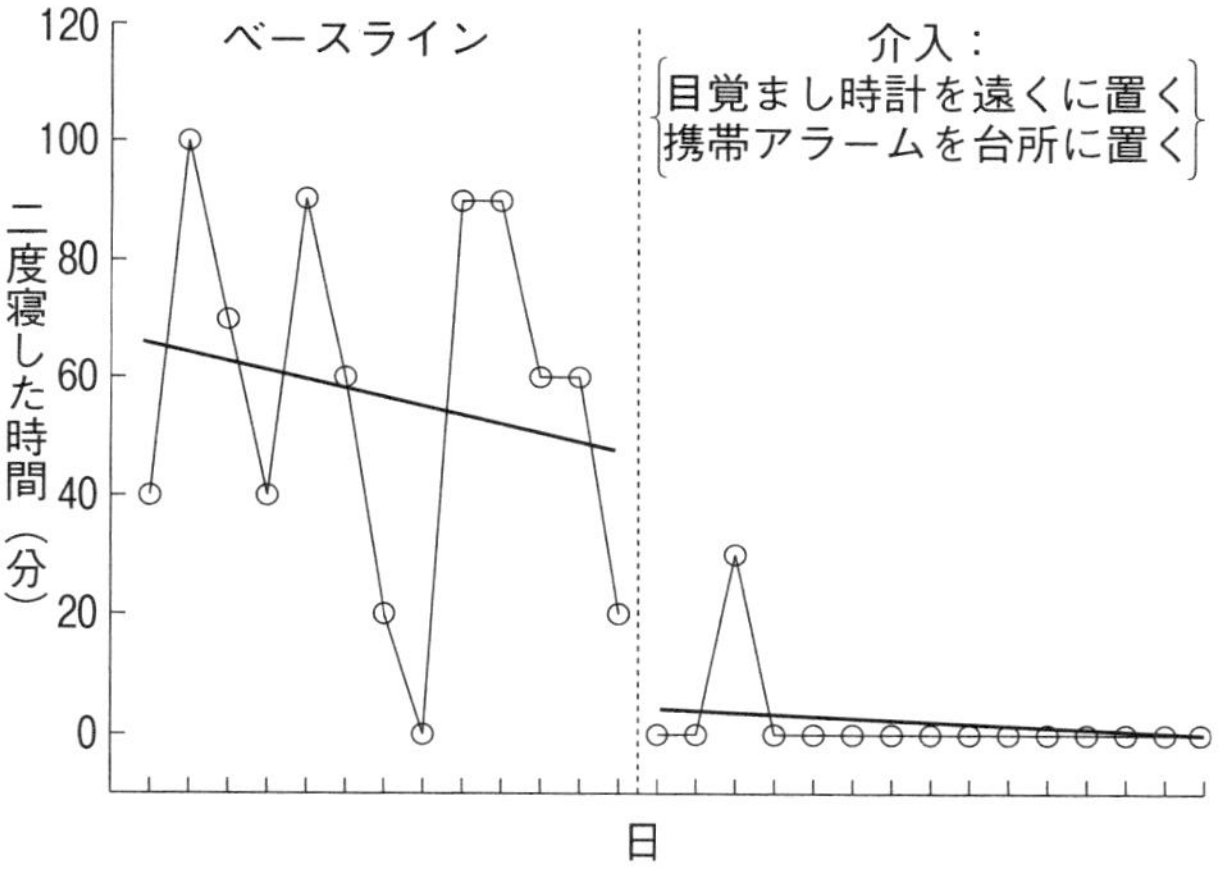

ップに注いで飲む行動は強化するけれど、布団から出て、ベッドから立ち上がって台所まで行く行動は、少なくともベースライン期には強化できていませんでした。介入期では、ベッドと冷蔵庫の間に二つの中継地点ができたことで、もしかするとウーロン茶も移動行動を強化できるようになったのかもしれないと思いました。

選択肢は変えなくても、選択の場所と時間をずらしていくことでどちらを選ぶかが変わってくるというのは、とても面白い現象だと思います。

彼女や友達からの信頼を取り戻したいという気持ちは本気でしたが、こういう習慣はそうそう変わらないとも思ってました。それに、私は二度寝するのは自分のせいと自分を責めてもいませんでした。習慣というのは、あるがままのこと。それを受け入れることしかできないと考えていたのです。

ほんの小さな環境の違いで行動が変わってしまったことにも驚きました。こんなに簡単に変わるのなら、もっと前に変わっていてもよかったのに。今まで二度寝し続けていたのが、なんだか逆に不思議です。

†毎日、新聞を読む

ついこの間入学したばかりなのに、もう卒業に向けて就活の準備を始めなくてはならないなんて、納得できない。でも、これは現実。

そもそも就職なんてしたくない。学生生活がずっと続けばいいのになんて甘く考えている俺だけど、こんな自分も数年後にはスーツ姿で毎日通勤電車に乗って真面目に仕事をしているはず。これも現実。

サークルの先輩に相談すると、まずは自分がどんな職業につきたいのかよく考えたほうがいいよと言われた。どんな職業につきたいかというより、世の中にどんな仕事があるのかさえよくわからない俺。そんなことは恥ずかしくて言えないけど。

父には、ことあるごとに、お前は新聞も読まないのかとため息交じりに呆れられる。新聞も読まないし、ニュースにも興味がない。でもこのままじゃいけないとマジに思う。

そこで新聞を読むことを標的行動に、じぶん実験をすることにした。なぜなぜ法を使って考えて、達成したい目標は、自分にとってやりがいがあると思う職場で、やりがいがある仕事をすることとした。そのための就活をするのに、新聞を毎日読んで、日本や世界の経済状況を知っておくことは役に立つはずだ。

人生でいまだかつて新聞をしっかり読んだことがない自分にとってはハードルが高すぎるかもしれないと思いながら、朝刊全面の、少なくとも見出しには目を通し、興味がある記事は内容まで読むことを目標に設定した。父が日本経済新聞を講読しているので、それを読ませてもらうことにした。

読んだ記事の数を記録しようとも考えたが、たまたま興味がある記事が多ければ数字が上がることになってしまうし、読んだ記事は結局すべてスポーツ欄ということになるかもしれない。それに、記事の数だけだと、すべての面に目を通さずに終わっても、そうとわからない。だから単純に、とにかく最後まで目を通したかどうかのみを記録することにした。

ベースライン期も、自分としては精一杯、頑張った。最後の面まで行かなくても、ほとんど毎日最初の数面には目を通したし、最後まで目を通せた日もあった。

ただ、スポーツ欄以外に、内容まで読めた記事はほとんどなかった。政治の話は何のことなのかさっぱりわからないし、経済の話は意味がわからない用語がたくさん出てきて、辞書やネットで調べようにも手間がかかりすぎて、ギブアップしてしまった。

新聞を読むという標的行動が思うように増えない原因は明らかで、読んでもそこに何が書いてあるかわからず、強化されない。読むたびに消去されている。これは厳しい現実だ。

原因推定はそれほど難しくなかったが、これに対応する介入を考えることに苦労した。新聞を読んだら好物のカラムーチョを食べられることにして、好子出現による強化随伴性を追加しようとも考えたが、それで記事の内容が理解できるようになるわけではない。とりあえず最後まで紙面をめくる行動は増やせるかもしれないが、そんなことでは、なぜなぜ法を使って考えた将来の目標の達成には到底つながらないように思えた。

もしかしたら、これが行動分析学の限界かと、なかば挑戦的に先生に質問してみた。

すると先生は、ニコニコしながら信じられないようなことをのたまわった。

「こども新聞を読めばいいんじゃない？」

失礼な！　と一瞬怒髪天を衝きそうになったが、先生が俺のことをバカにしているわけではないということがわかったので落ち着いて考えてみた。そして、考えてみれば、新聞を読むという行動に記事の内容がわかるという好子を随伴させるためには、もっともな提案であると納得した。最高に厳しい現実ではあるが。

父に相談し、自分の小遣いで「毎日小学生新聞」を講読することにした。この新聞は日本経済新聞と比べると紙面数も少ないし、記事は小学生にもわかる易しい言葉で簡潔に書かれている。これなら俺でも、辞書やネットで調べるという手間をかけることなく読んで理解することができる。記事の内容がわかるという好子を出現させることで、新聞を読む行動が強化されることを狙った。

記録をグラフにするにあたっては、図の縦軸に、最後の面まで目を通した累積日数を示した。最初は、記録した通りに、最後まで目を通した日は1、通さなかった日は0でグラフを作ってみたのだが、折れ線がぎざぎざになり、傾向が読み取れなかった。

そこで先生に相談したところ、行動の累積頻度を縦軸にとれば、折れ線の傾きが頻度を示すことになり、見比べやすくなるという助言をもらった。

図5－12を視ると、ベースライン期の傾きより、介入期での傾きの方が急勾配になっている。確かにこれで水準の違いがわかりやすくなった。風邪でダウンして寝込んでいた三日間と休刊日を除けば、介入開始後は毎日全面目を通し、しかもほとんどの記事を読むことができた。

銀行に勤める父は、政治や経済の話を俺としたくて仕方がなかったようだ。今回の取り組みを喜んでくれていて、俺も父との会話がこれまでにない展開をするようになったことを愉しんでいる。新聞を読んでもよくわからなかったことも父に質問すると丁寧に教えてくれる。こんなところに就活の助っ人を見つけられた俺はとても幸せだ。

図５－12　新聞を読む行動の変容

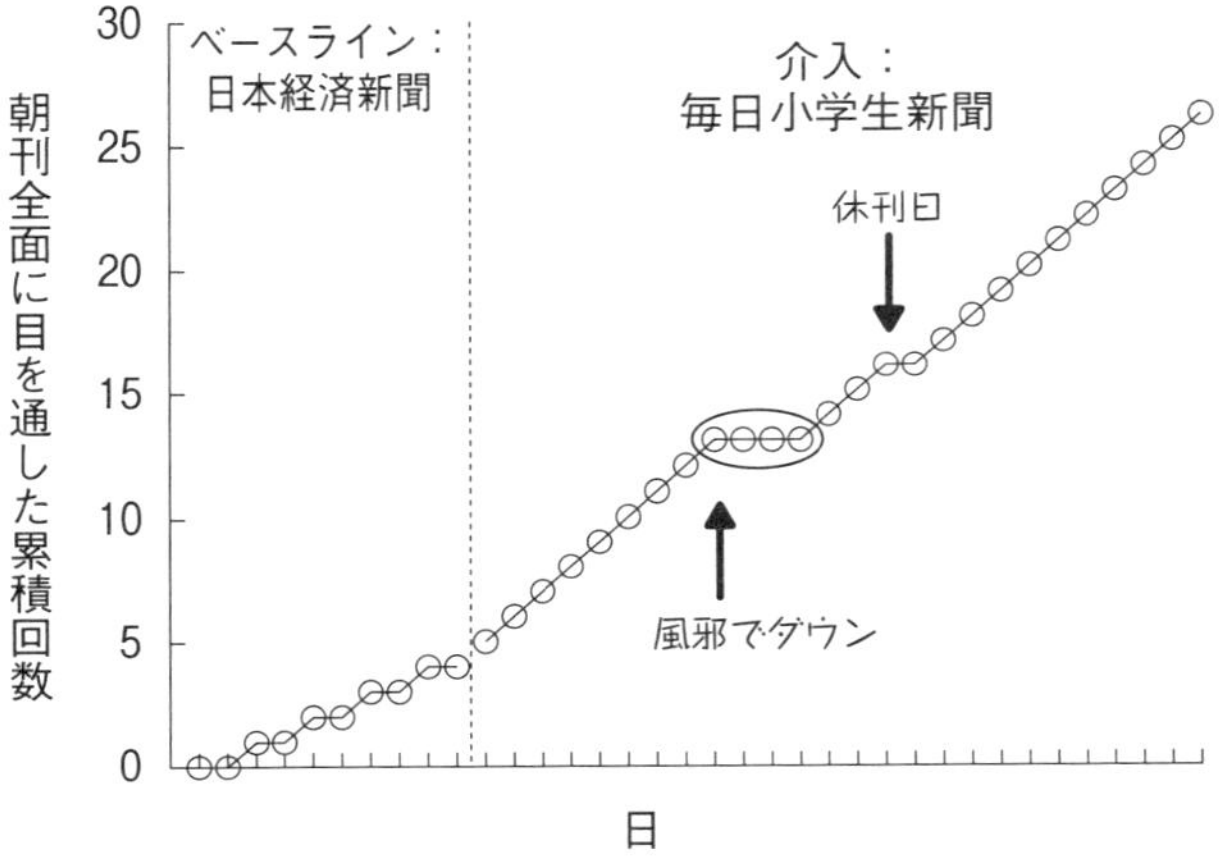

今回のじぶん実験では新しい発見の連続だった。今まで自分にはできないと決めていたことができるようになったこと、これまでできないと決めていたのは、実は個人攻撃の罠に陥っていたからだということ、自分が自分で思っていたよりも社会や経済に興味があること。

興味がないと思い込んでいたのは、喰わず嫌いのようなものだったのではないだろうか。食べる行動が自発されなければ、食べ物が好子であっても強化はされない。何かしなければ、その後続事象が好子であっても強化されないままになる。もしかすると、こういうことは他にも色々あるのかもしれない。

これまで現実だと決めつけていたことが、ゆるぎない事実ではなかったとわかり、世の中がぐらつくような不安を覚える一方、これからもそういうことを見つけていくことができると思うと、とてつもなくわくわくする。これは新しい現実だ。

後日談。小学生新聞を卒業し、日本経済新聞に戻ろうとしたが、やはり、なかなか難しかった。そこで、図書館でいくつかの新聞を読み比べてみた。せっかくなので、行動も測定した。同じ日の朝刊の一面をざっと読もうとしたときに、わからない単語を調べた回数を測定してみたのだ。一週間ぶんの新聞を読んでみたら、毎日小学生新聞では〇回、日本経済新聞だと一〇回から一五回だったのに対し、読売新聞は二回から三回で、感覚的にも読みやすかった。そこで、今では読売新聞を定期購読して読んでいる。

†スリーポイントシュートを練習する

僕はバスケットボールのサークルに所属しています。課題はスリーポイントシュートの成功率を上げることです。サークルでは週に三日集まって練習していますが、試合形式ばかりで、シュートは自主練習に任されています。

苦手なスリーポイントシュートを克服しようと、サークルの後に居残って練習したこともありますが、チームメイトがいない体育館は静か過ぎるし、シュートが入らないとモチベーションも上がりません。

図５－13　なぜ自主練が続かないのか：現状のＡＢＣ分析

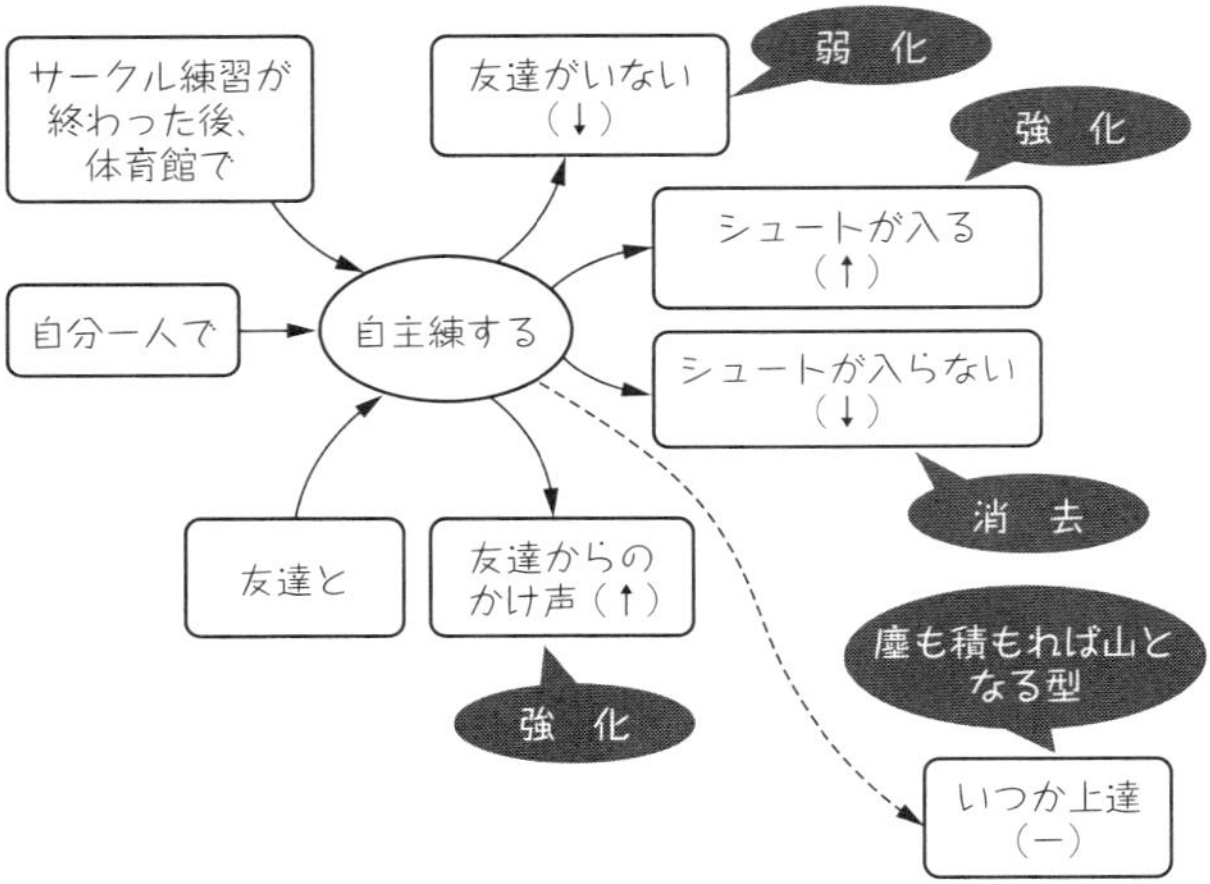

そこで僕のじぶん実験では、スリーポイントシュートの自主練をすることを標的行動とし、練習によって成功率が上がったかどうかも確かめることにしました。

標的行動については、サークル終了後の自主練の時間を測定しました。それから、自主練のはじめにスリーポイントシュートを五本打ち、成功数を記録しました。

ここ数か月は居残り練習をしたことがなかったのですが、ベースライン期に測定を始めると、自主練をするようになりました。ただ、時間はばらばらで、練習しない日もありました。現状の行動随伴性を推測したのが図５－13です。

自主練を長くやった日は、他のチームメイトも居残り練習をしていた日でした。僕以外に居残り練習をする人がいなかった日は、体育館に残っていても、ロッカールームに引き上げたチームメイトのことが気になり、今日はどこで夕飯を食べて帰るのかなどと考えてばかりいました。このことから、チームメイトと一緒にいるということが僕にとって大きな好子であると考えました。

居残って自主練するという行動は、チームメイトと一緒にいる時間がなくなるという好子消失で弱化されているようです。自主練中にボールを投げ、シュートが決まれば、これも好子になりそうですが、横にいるチームメイトが「ナイス！」と声をかけてくれることも好子になっていると考えました。

練習すれば上達するという随伴性もありますが、これは塵も積もれば山となる型であり、効果が期待できなさそうでした。

そこで、仲が良いチームメイトに声をかけ、一緒に居残り自主練に付き合ってもらうことを介入として計画しました。交代でシュートを打ち、三〇本勝負で、負けた方が勝った方にジュースをおごるという約束の対決です。

この介入で、チームメイトと一緒にいられなくなるという弱化から復帰すること、チームメイトからの声かけや、勝負に勝った時にはジュースが好子として出現して、練習行動が強化されることを期待しました。

図5-14の横軸は練習日、上段の縦軸は累積練習時間数。下段の縦軸は自主練直前のシュー

図5－14 バスケットボール自主練行動の変容

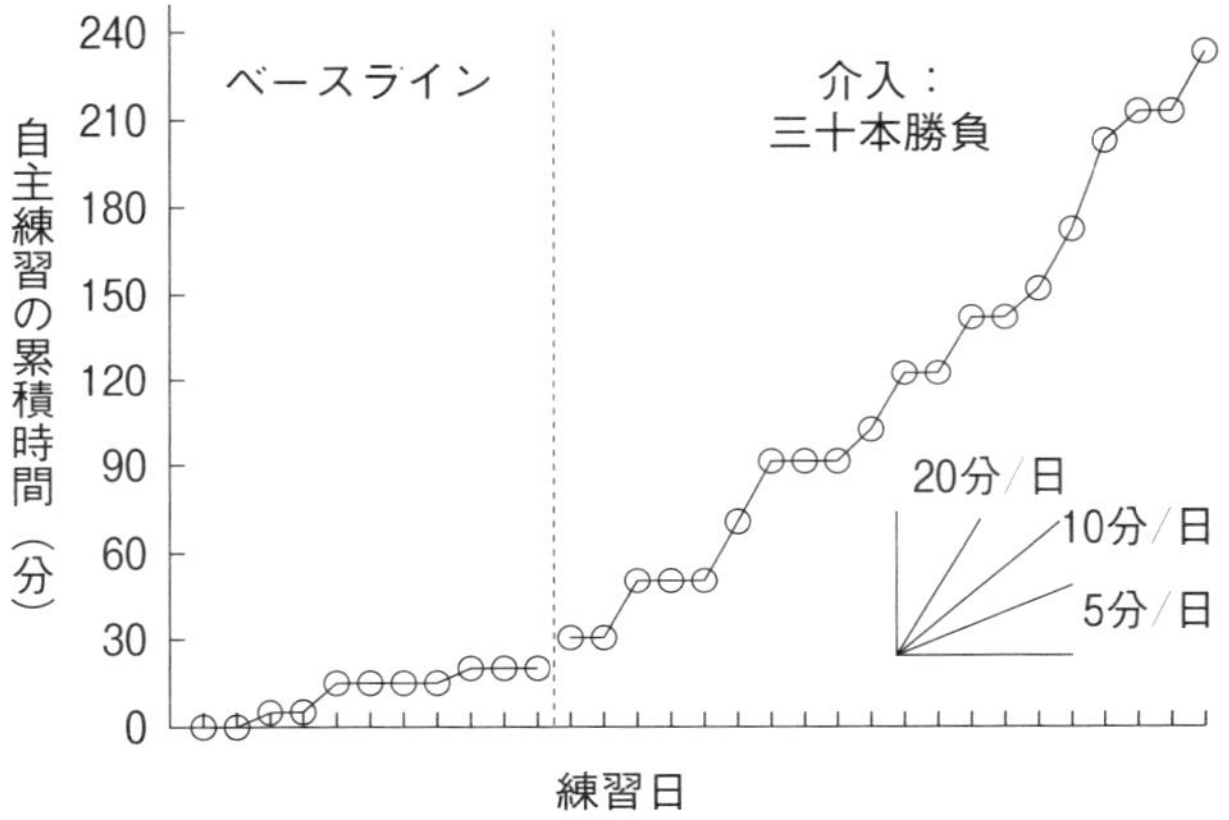

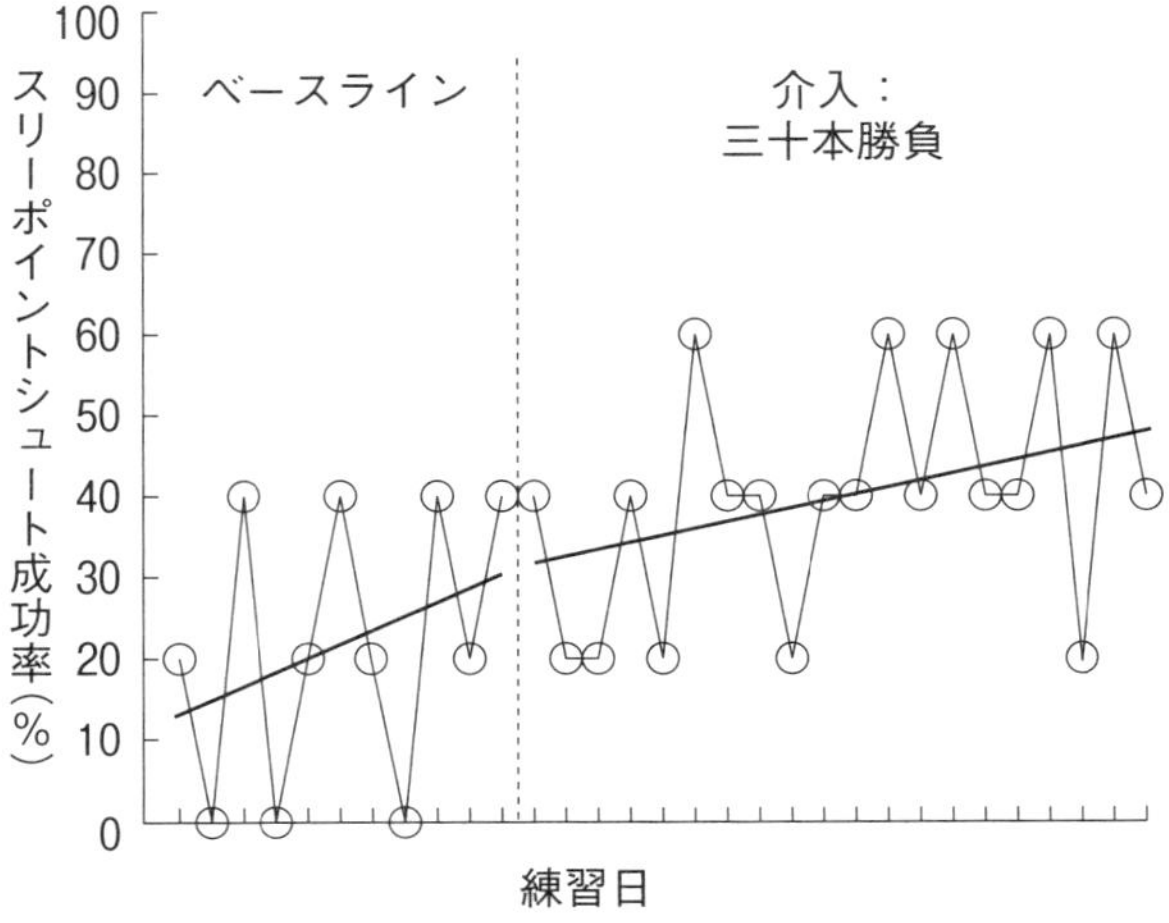

ト成功率です。

先生からのアドバイスで、上段の図の中には水準を示す斜線を描き込みました。累積グラフの場合は傾きが水準を表すそうで、この場合、練習日あたりの自主練の時間を示します。ベースライン期と比べて介入期の練習時間数が増加したことが、傾きの違いでわかります。

下段の図には傾向線を描き入れました。傾向線から、ベースライン期でも成功率が向上していたことがわかります。ベースライン期と比べ、介入期に勾配が緩くなっているのは、後半、成功率が頭打ちになったからです。

目標にしていた五〇％には近づきましたが、変動があり、安定しているとは言えません。チームメイトとの三〇本勝負は、自主練時間を増やすには効果的でも、これ以上シュートの成功率を上げるには、別の練習方法を取り入れる必要があるということだと思います。

これまでは、スリーポイントシュートが苦手だと言いながら、記録をとったこともなく、自分の成功率も知りませんでした。自分にあった練習方法を見つけられそうなので、記録を取り続けるつもりです。

僕はバスケットボールが大好きで、だからサークルにも入っているし、バスケをやっているのだと思っていました。ですが、今回のじぶん実験からは、バスケが好きなだけではなく、気の合う仲間と一緒にプレーすることもバスケをする行動を強化している重要な変数だとわかりました。自主練についても、チームメイトと一緒にできる、より効果的な方法を考えていこうと思います。

†読書少女、復活

小学三年生でロフティングのドリトル先生シリーズにはまった私はそのときから読書少女になりました。休み時間は本に集中しすぎて、友達が遊びに誘ってくれる声も聞こえず、登下校は本を読みながら歩いて、電柱にぶつかったり、下水溝に落ちたりしていました。小学校の図書室にあった小説は、ほとんどすべて読破したはずです。

ところが中学校で塾に通うようになってからは読書する時間が減っていき、高校、大学と進むにつれて、ほとんど本を読まなくなってしまいました。ここ一年間で読んだ小説は、思い返しても、せいぜい一、二冊です。今でも「趣味は?」と聞かれれば「読書です」と答えますが、これでは看板に偽りありです。

小説が嫌いになったわけでも、読書が苦痛になったわけでもありません。あいかわらず本は好きで、本屋さんにはよく行きますし、読みたい本は買ってきます。買ってきますが、本棚に並んでいくばかりの寂しい毎日なのです。

そこで、じぶん実験では、小説を読むことを標的行動とし、その日に読んだ頁数を毎晩寝る前に手帳に記入することにしました。

ベースライン期のデータからは、本をまったく読まない日が多く、読んだとしても五〇頁以下ということがわかりました。

現状の行動随伴性を推察してみると、読書をするのは自宅で寝る前の時間。アルバイトやサークル活動が終わって夜遅く帰宅したときなどは、読書をすることで大学の宿題ができなかったり、眠いのに眠れなかったり、録画していたテレビ番組が観られなかったりして、読書以外の好子を消失させる弱化の随伴性が読書行動を減らしていると考えました。

読書が自宅に限定されていたのは、大学に本を持って行くのが重くて大変だからです。私は通学のため、片道およそ一時間半、ほぼ毎日電車に乗っています。教科書や資料だけで、鞄はけっこう重くなります。ラッシュアワーにぶつかると座れないことが多いので、追加で本を持ち運ぶ行動が弱化されていたのだと思います。

そこで発想を逆転させ、今までスマホでゲームしたり、SNS（ソーシャルネットワーキングサービス）をやったりしていた通学時間を読書にあてることにしました。そして、そのために、スマホで読める電子図書を購入しました。これなら、余計な荷物を運ばずに、電車の中で立っていても、読書ができるはずです。

この介入は効果的でした。図5-15のベースライン期と介入1期を比べると、頁数が増加し

図5－15 読書行動の変容

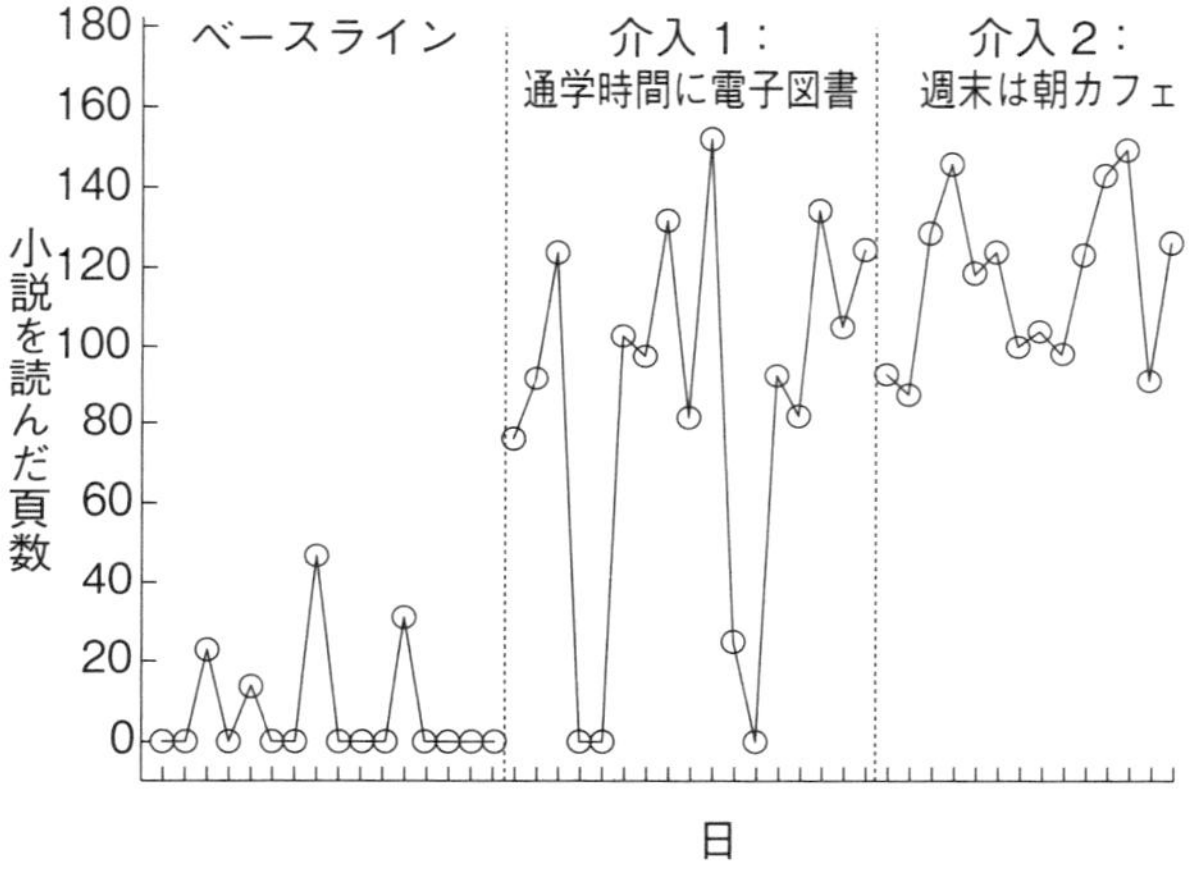

たことがわかります。久々の読書はやはり楽しく、長く退屈な通学時間がものすごく短く感じられました。

図中いくつか記録が0頁の日があります。この変動の原因は、週末や授業がない日で、ずっと家にいた日です。在宅中は、宿題をしたり、テレビを観たり、弟と遊んだりと、読書行動と両立しない行動を強化する随伴性が多数あり、読書はそれに競り負けているようでした。

そこで、丸一日在宅することが最初からわかっている日は、朝の読書時間を決めることにしました。家にいると他の行動が自発されるので、近所のカフェに読みたい本だけを持ってでかけ、三〇分から一時間、珈琲を飲みながら読むことにしました。せっかくなので、このときには電子図書ではなく、大学に持って行くのには重そうな、大きめ、厚めの本を読むことにしました。

この介入もうまくいきました。図の介入1と介入2を比べると、介入2で変動が小さくなっていることがわかります。両立しない他の行動が強化されない場所に移動することで、標的行動が自発されることがわかりました。

今回のじぶん実験では、読みたいのに読めていなかった小説を何冊か読破できました。小説を読む行動を強化しているのは、物語の展開だったり、登場人物への共感だったりすると思うのですが、そういうことが私にとってはまだ好子だということが確認できました。

同時に、子どもの頃と違って色々と忙しくなってしまった今では、本が好子だからというだけで読書行動が自発されるわけではないこともわかりました。

そして、そんな忙しい毎日でも、環境を工夫すれば、大好きな読書が楽しめるようになることがわかったことが大きな収穫です。

最後に、電子図書を読むのにAmazon（アマゾン）のKindle（キンドル）を使いましたが、このアプリだと、頁数が表示されず、代わりに「ロケーション」という番号が表示されます。たとえば、伊坂幸太郎作『魔王』（講談社文庫）だと全部で3484ロケーションです。記録したのはこのロケーション数ですが、グラフを作成するときに、同じ本の現物版の頁数を調べて（『魔王』なら384頁）、ロケーションあたりの頁数を計算し、読んだ頁数に換算しました。これにはかなりの手間がかかりました。

実験は大変でしたが、好きな作家の、まだ読めていなかった小説が何冊か読破できたことに感謝します。

あとがき

まえがきでご紹介したように、我が国では、二〇〇九年度から三年間、内閣府が国民の幸福度に関する調査を行っていました。

「現在、あなたはどの程度幸せですか」という質問に、「とても幸せ」を一〇点、「とても不幸」を〇点とした一一段階で回答してもらったところ、平均値は、六・四一から六・四七でした。

同じような調査が世界各地で行われています。中でも注目されているのが、二〇一一年にはジグミ・ケサル国王が来日された、ブータン王国です。

ヒマラヤ山脈の南に位置するブータンでは、GDP（国内総生産：Gross Domestic Products）の替わりにGNH（国民総幸福：Gross National Happiness）を政府の運営指針としています。国や行政は国民の幸せを実現するためにあるとし、経済的に豊かになるだけではなく、精神的に幸福になるための社会を目指しているそうです。

ブータンで行われた同様の調査があります。幸福度を一〇段階で回答してもらっているので、日本のデータと直接比較することは難しいのですが、その平均値は六・九です。

日本人の主観的幸福度は他の国の人よりも相対的に低いことが他の調査でも指摘されています。これは国民性のせいなのでしょうか。私たちはそんなにも悲観的なのでしょうか。

図6－1に、Chodenらによるブータン人を対象とした調査のデータと、内閣府が公開している日本人のデータを比較してみました。上段がブータン人の幸福度、下段が日本人の幸福度の分布です。

どちらの国でも幸福度の中心値（日本人は五、ブータン人は五と六）と回答した人が多かったことがわかります。こうした評定では回答が真ん中付近に集まります。中心化傾向といい、こうした調査では珍しくありません。

興味深いのは、両国とも中心値の左側が崖のようになっていること。つまり、自分の幸福度は真ん中くらいだと評定する人は多いけれど、それ未満だとする人はがぐっと減るということです。中心値の右側に山が続くところも共通しています。日本人は八まで、ブータン人は最高得点の一〇まで、自分の幸福度は真ん中より上だと評定する人がかなりいるということになります。

両国の差がはっきりするのが分布の右端です。日本人で九や一〇をつける人は少なくなってしまいますが、ブータン人は一〇の人が一五％近くもいます。

図6－1　ブータンと日本の幸福度

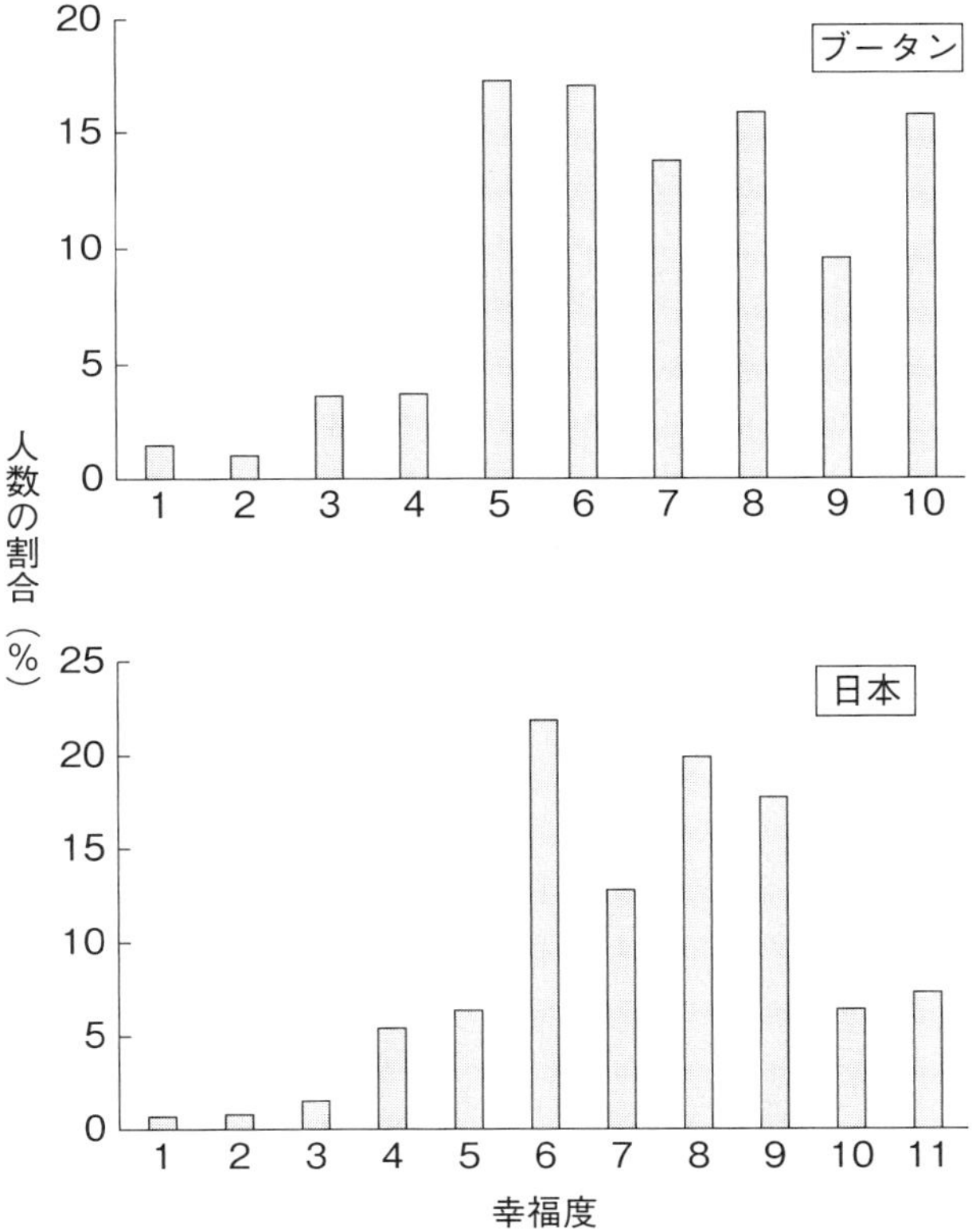

「とても幸せです！」と堂々と回答する日本人が少ないと悲観することはないかもしれません。分布の左端を視て下さい。最低値である〇と回答した日本人は〇・五から〇・六％。これに対し、最低値である1をつけたブータン人は一・四％いるのです。

ブータン人に比べて、「とても幸せです！」と宣言する日本人は確かに少ないですが、同時に「とても不幸せです」という人も少ないのです。

主観的幸福度には当然のことながら大きな個人差が存在します。平均値を比べると、ブータンの方が日本より幸せを感じている人が多いことは事実です。でも、個々人を見るときにはこの差にはあまり意味がありません。幸せの国に住むブータン人のドルジ氏よりも幸福度の高い日本人の鈴木さんもいるし、日本人の田中さんよりも幸福度の低いブータン人のツェリン・ザンモもいるからです。

集団の平均値は全体的な水準を把握したり、比較するのには役立ちますが、個々人の幸福について考えたり、幸せになる方法を見つけるときには注意しなくてはならないことがあります。

図6－2には、内閣府の二〇一一年の調査報告書から、幸福度を評定する際に重視したと答えた項目を幸福の条件として、得点の高い順に並べました。数字はその項目が重要だと回答した人の割合（％）です。

実はブータン人に対する同様の調査でも、家計、健康、家族が上位三項目となっていて、日

図6－2　幸福の条件

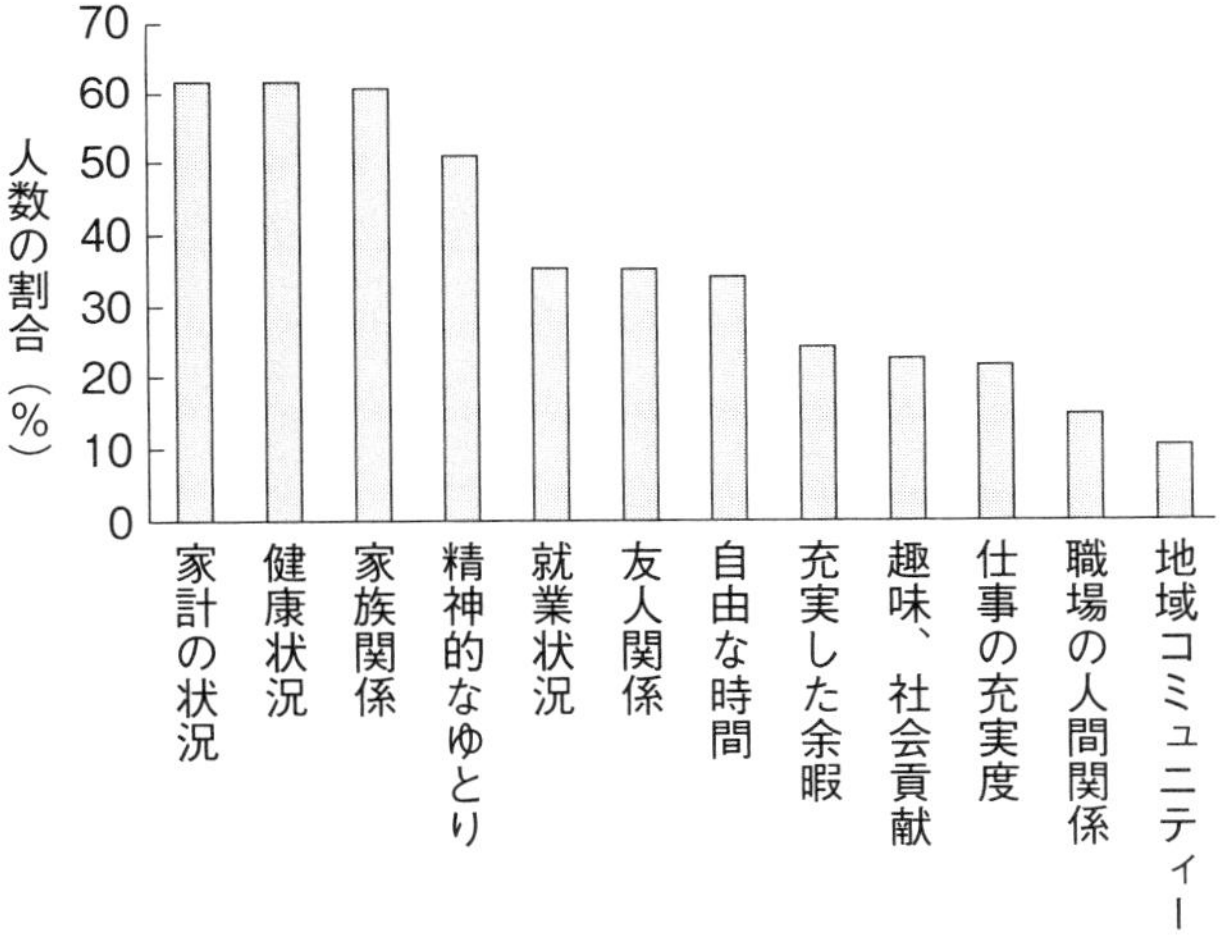

本人と共通する結果となっています。気をつけて見ていただきたいのは、ここでも個人差です。

上位の三項目はどれも六〇％以上の人が幸福度につながると考えていることになりますが、同時に、四割近くの人はそのようには考えていないことも示しています。

幸福の条件にも大きな個人差があるのです。幸せをテーマにした心理学の研究では、主観的幸福度に及ぼす様々な要因が検討され、幸福度を向上させる行動もわかってきています。たとえば、日記を書く、感謝する、新しいことに挑戦する、ペットを飼う、などなど。ところが、当然ですが、これも全員にあてはまるわけではありません。

こうした研究では、何百人もの被調査者

を対象にアンケートを行います。そして、たとえば、ペットを飼っている人の幸福度の平均値がそうでない人の幸福度の平均値よりも高いことから、ペットを飼うことが幸福度の向上につながると結論します。

ただし、それはあくまで全体的な比較です。ブータン人と日本人の幸福度を比較したときに、国と国では平均値に差があっても個人でみれば逆転現象が起こるように、このような研究成果が個人差によってくつがえることはよくあることなのです。

それでは役に立たないではないかというと、そんなこともありません。こうした研究は、現在、自発されていないが、自発されれば強化される可能性が高い、食わず嫌いの行動についてのヒントをくれるからです。

日記を書いていないなら、日記を書いてみましょう。感謝することが少なそうなら、感謝することを増やすじぶん実験をしてみましょう。そこから、なぜ日記を書かないのか、あるいはなぜ日記を書くのか、どのようなときに感謝しやすく、どのようなときに感謝しにくいのか、そして日記を書いたり、感謝したりするように自分の行動を変えることが自己実現につながるかどうかが見えてきます。

寂しくない日なんて一日だってないわ。でも幸せは簡単よ。幸せそうに振る舞えばいいの。

そうすれば周りの人がこの人は幸せな人なんだって思う。周りの人の目で自分をみれば幸せを感じられる。でも孤独はそういかない……

九〇年代の人気テレビドラマ『アリー my Love』に登場する派手な女性秘書エレイン・バッセルは、敏腕ながら変わり者の弁護士、ジョン・ケイジに「いつも独りなのにどうしてそんなに明るくしていられるんだい」と聞かれ、こう答えます。

孤独が不幸感をもたらすことは間違いないでしょう。しかしながら、孤独を不幸に感じながらも幸せな気持ちで暮らすことは不可能ではないこと、幸せにつながる行動を見つけていくことが可能であることを、さらっと観せてくれるこのドラマは秀逸です。

エレインにとっては幸せのマネジメントよりも不幸のマネジメントの方が難しかったようです。でも、孤独による不幸感のマネジメントも不可能ではないかもしれません。じぶん実験ではこんな挑戦も可能です。

じぶん実験によって幸せになったり、不幸感を減らせるという保証はもちろんありません。ただし、何がじぶんの幸福感を増し、不幸感を減らすかはわかってきます。

自分にとって、何が好子なのか、何が嫌子なのか、どのような行動が強化され、どのような行動が弱化されているときに幸福感や不幸感を感じるのか、どのような好子や嫌子でどのような行動が強化されるようになることを望むのか、そういうことがわかってくるからです。

どうすれば幸福感を増せるのか、不幸感を減らせるのかもわかってきます。うまくいけばそうすることもできますし、うまくいかなくてもなぜうまくいかないのかがわかります。ACTのメソッドを修得すれば、不幸感を抱いたままで、成し遂げたいことをやっていくこともできるようになりそうです。

ブータン王国のように、国や行政が国民の幸せを第一に考え、それを測定し、評価しながら仕事をするようになってくれれば、それに越したことはありません。でも、残念なことに、これはすぐに実現しそうにありません。実現したとしても、やはりすべてが国や行政任せというわけにもいきません。幸せの条件が人それぞれというのは動かしようのない事実だからです。

ですから、国や行政への期待は抱きながらも、自分で自分の幸せを追求する術を手に入れておくというのが賢い選択だと思います。

科学的、学術的な研究法としてはもはや歴史的な価値しかない自己実験ですが、私たち一人ひとりが自分自身について探求できるじぶん実験は、これからの時代を楽しみながら生きるのに役に立つ方法論です。

自己理解と自己実現を進めながら幸せを探求する方法として、ぜひ、じぶん実験をお試し下さい。初めはじぶん実験の手続きを学ぶことを優先しましょう。ハードルを下げ、解決しやすく、達成しやすい課題に取り組んで下さい。短期間で成果が出るものが望ましいです。その方が楽しめますし、成功します。成功は好子です。じぶん実験を続け、より難しい課題にも挑戦できるように、まずはじぶん実験に取り組む行動を成功によって強化しましょう。そして少しずつハードルをあげ、人間関係や叶えたい夢や人生に関わるテーマに取り組んで下さい。随伴性を信じて。

●引用文献

コブクロ「夢唄」Saturday 8:PM MINOSUKE RECORDS、小渕健太郎 作詞・作曲、一九九九年

リチャード・ワイズマン、木村博江訳『その科学が成功を決める』文春文庫、二〇一二年

レスリー・デンディ、メル・ボーリング、梶山あゆみ訳『自分の体で実験したい――命がけの科学者列伝』紀伊國屋書店、二〇〇七年

ダニエル・ギルバート、熊谷淳子訳『幸せはいつもちょっと先にある――期待と妄想の心理学』早川書房、二〇〇七年

スティーブン・C・ヘイズ、スペンサー・スミス、武藤崇、原井宏明、吉岡昌子、岡嶋美代訳『ACT《アクト》（アクセプタンス&コミットメント・セラピー）をはじめるセルフヘルプのためのワークブック』星和書店、二〇一〇年

Ericsson, K.A., Krampe, R. T., & Tesch-Römer, C. (1993). The role of deliberate practice in the acquisition of expert performance. Psychological Review, 100(3), 363-406.

●参考文献

バーナード・ワイナー、林保、宮本美沙子訳『ヒューマン・モチベーション――動機づけの心理学』金子書房、一九八九年

イアン・エアーズ、山形浩生訳『ヤル気の科学――行動経済学が教える成功の秘訣』文藝春秋、二〇一二年

●行動分析学の参考書

奥田健次『メリットの法則――行動分析学・実践編』集英社新書、二〇一二年
島宗理『パフォーマンス・マネジメント――問題解決のための行動分析学』米田出版、二〇〇〇年
島宗理『人は、なぜ約束の時間に遅れるのか――素朴な疑問から考える「行動の原因」』光文社新書、二〇一〇年
島宗理『応用行動分析学――ヒューマンサービスを改善する行動科学』新曜社、二〇一九年
杉山尚子、島宗理、佐藤方哉、R・W・マロット、M・E・マロット『行動分析学入門』産業図書、一九九八年
杉山尚子『行動分析学入門――ヒトの行動の思いがけない理由』集英社新書、二〇〇五年
日本行動分析学会（編）『行動分析学事典』丸善出版、二〇一九年
ポール・A・アルバート、アン・C・トルートマン、佐久間徹、谷晋二、大野裕史訳『はじめての応用行動分析』日本語版第2版、二瓶社、二〇〇四年
ジョン・O・クーパー、ティモシー・E・ヘロン、ウイリアム・L・ヒューワード、中野良顯訳『応用行動分析学』明石書店、二〇一三年

ちくま新書
1066

使《つか》える行動分析学《こうどうぶんせきがく》
じぶん実験《じっけん》のすすめ

二〇一四年四月一〇日　第一刷発行
二〇二三年六月一五日　第八刷発行

著者　島宗理（しまむね・さとる）
発行者　喜入冬子
発行所　株式会社 筑摩書房
東京都台東区蔵前二-五-三　郵便番号一一一-八七五五
電話番号〇三-五六八七-二六〇一（代表）
装幀者　間村俊一
印刷・製本　三松堂印刷 株式会社

ISBN978-4-480-06772-2 C0211

ちくま新書

395
「こころ」の本質とは何か
――統合失調症・自閉症・不登校のふしぎ
シリーズ・人間学⑤
滝川一廣
統合失調症、自閉症、不登校――。これら三つの「こころ」の姿に光を当て、「個的」でありながら「共同的」でもある「こころ」の本質に迫る、精神医学の試み。

720
いま、働くということ
大庭健
仕事をするのはお金のため？　それとも自己実現？　不安定就労が増す一方で、過重労働にあえぐ正社員たち。現実を踏まえながら、いま、「働く」ことの意味を問う。

872
就活生のための作文・プレゼン術
小笠原喜康
就活で勝つ文章とは？　作文・自己PR・エントリーシートを書く極意から、会社・業界研究法まで、必勝のテクニックを完全公開。就活生必携の入門書決定版。

949
大学の思い出は就活です（苦笑）
――大学生活50のお約束
石渡嶺司
大学生活の悩み解決。楽しく過ごして就活はもちろん社会に出てからも力を発揮する勉強、遊び、バイト経験とは。すごい人をめざす必要なんて、全然ありませんよ。

1028
関東連合
――六本木アウトローの正体
久田将義
東京六本木で事件が起こるたび囁かれる「関東連合」。彼らはいったい何者なのか。その成り立ちから人脈まで、まったく新しい反社会的ネットワークの正体に迫る。

429
若者はなぜ「決められない」か
長山靖生
なぜ若者はフリーターの道を選ぶのか？　自らも「オタク」として社会参加に戸惑いを感じていた著者が、仕事観を切り口に、「決められない」若者たちの気分を探る。

645
つっこみ力
パオロ・マッツァリーノ
正しい「だけ」の議論は何も生まない。必要なのは、論敵を生かし、権威にもひるまず、みんなを楽しませる笑いである。日本人のためのエンターテイメント議論術。

ちくま新書

939
タブーの正体！
――マスコミが「あのこと」に触れない理由
川端幹人
電力会社から人気タレント、皇室タブーまで、マスコミ各社が過剰な自己規制に走ってしまうのはなぜか？『噂の眞相』元副編集長がそのメカニズムに鋭く迫る！

947
若者が無縁化する
――仕事・福祉・コミュニティでつなぐ
宮本みち子
高校中退者、若者ホームレス、低学歴ニート、世の中から切り捨てられ、孤立する若者たち。彼らを社会につなぎとめるために、現状を分析し、解決策を探る一冊。

987
前田敦子はキリストを超えた
――〈宗教〉としてのＡＫＢ48
濱野智史
ＡＫＢ48の魅力とはなにか？　前田敦子は、なぜあれほど「推された」のか？　劇場・握手会・総選挙……。その宗教的システムから、ＡＫＢ48の真実を明かす！

1042
若者を見殺しにする日本経済
原田泰
社会保障ばかり充実させ、若者を犠牲にしている日本経済に未来はない。若年層が積極的に活動し、失敗しても取り返せる活力ある社会につくり直すための経済改革論。

869
35歳までに読むキャリア《しごとえらび》の教科書
――就・転職の絶対原則を知る
渡邉正裕
会社にしがみついていても、なんとかなる時代ではなくなった。どうすれば自分の市場価値を高めて、望む仕事に就くことができるのか？　迷える若者のための一冊。

889
大学生からの文章表現
――無難で退屈な日本語から卒業する
黒田龍之助
読ませる文章を書きたい。だけど、学校では子供じみた作文と決まりきった小論文の書き方しか教えてくれなかった。そんな不満に応えるための新感覚の文章読本！

908
東大入試に学ぶロジカルライティング
吉岡友治
腑に落ちる文章は、どれも論理的だ！　東大入試を題材に、論理的に書くための「型」と「技」を覚えよう。学生だけでなく、社会人にも使えるワンランク上の文章術。